Lieber Johnny

Lieber Johnny

Jurek Beckers Postkarten an seinen Sohn Jonathan

HERAUSGEGEBEN VON TRUDE TRUNK

Ullstein

TRUDE TRUNK

Mein lieber guter Johnny …

Sommer 1996 in Berlin. Ein Verkäufer mit blauweiß gestreiftem T-Shirt, schwarzweiß karierter Schiebermütze, runden Brillengläsern vor den munteren Augen und einem französischen Schnurrbart sortiert in seinem Kramladen versonnen seine Waren. Er ist offenbar Franzose, ebenso wie der Kunde, ein älterer Herr, der hinzutritt.

– »Bonjours, was wollen Sie?«, fragt der kleine Verkäufer zuvorkommend, sich mit einladender Geste verneigend. – »Bonjours, je voudrais bien, isch meine, isch möschte gernö – isch möschte gernö eine Kitekat. Eine Kitekat, bittö«, verlangt der ältere Herr. Der Verkäufer legt eine klitzekleine Packung in einen etwas größeren weißen Plastikkorb und schaut zu dem Kunden erwartungsvoll auf. Dieser fährt fort: »Dann möschte isch gernö eine Frommage, ein bisschen Käsö.« Der Verkäufer sieht sich etwas ratlos im Laden um, greift dann nach einem Cheeseburger in einer durchsichtigen Plastikverpackung, der aus Fruchtgummi zu bestehen scheint. Der Käufer protestiert: »Nein, nein, nein, nein, nix Hamburgär! Isch möschte Käsö! Sie haben keinö Käsö? Französischö Laden hat keinö Käsö? Monsieur!« Der ältere Herr setzt sich scheinbar verärgert auf einen Kinderstuhl, während der Verkäufer versucht, sich ein Lachen zu verkneifen und seinen Moustache mit zwei Fingern gegen die Oberlippe drückt. – »Monsieur, das ist ein Saftladön!« Lachend, aber unbeirrt, öffnet der kleine Verkäufer die Plastikverpackung, nimmt den Cheeseburger auseinander und hält dem Kunden die weiße Käsescheibe hin. Der nimmt den Käse mit spitzen Fingern: »Da, da, da – Käsö?!« und wirft ihn verächtlich auf den Tresen zurück. »Warum ein französischö Laden hat keinö anderö Käsö? – Das ist französischö Laden?!? Champagner, bittö! Champagner!« Der Verkäufer fingert kichernd ein daumenlanges Fläschchen Henkel trocken vom obersten Regalbrett. »Ja, das ist okay! Tun Sie in Korb!«, bittet der Kunde, doch dem Verkäufer entgleitet die Flasche und fällt zu Boden. – »Nischt auf die Erdö, in Korb, bitte! Warum schmeißen Sie alles auf Boden?«, beschwert sich der Käufer, nun selbst mit einem Anflug von Lachen, während der Ladeninhaber jetzt losprustet. – »Monsieur! Sie sind ein alberner Verkäufer! – Ist das französischö Coca-Cola oder amerikanischö?« Der Verkäufer hat sich inzwischen wieder gefangen und antwortet ernst: »Französischö!« Der Kunde entgegnet angewidert: »Bah, isch möschte nur amerikanischö trinken! Tut mir Leid!« Der eifrige Verkäufer holt die kleine Cola-Flasche vom Regal herunter und hält sie ihm hin: »Amerikanischö!« – »Doch amerikanisch. Okay, gut! Moment isch kostö. Sekunde! Sekunde!« Der ältere Herr schraubt die Flasche auf und kostet: »Bah, das ist amerikanischö Coca-Cola!« Er schüttelt sich. »Ja, schmeckt beschissen, isch nehmö!« Er legt die Flasche zu den anderen Sachen in den Korb. »Haben Sie Salz?« Der Verkäufer reicht ihm eine Minipackung Salz. Der Kunde verbessert sich: »Äh, isch meinö Zuckär. Pardon. Bisschen Zuckär!« Der Verkäufer sucht in seinem Warenangebot. – »Gut, wenn Sie keinen Zuckär haben, nehmö isch eine Glühlampe. Eine Glühlampö im Kaffee ist wunderbar, macht schön hell, wie Milch. Wie Milsch!« Der Verkäufer kiekst wieder hemmungslos auf vor Lachen. – »Okay, was kriegen Sie, Monsieur?« – »Acht Francs!« Der ältere Herr greift zu einer kleinen Suppenkelle und gibt seinem Gegenüber damit leichte Schläge auf die Mütze: »Eins, zwei, drei, vier, fünf, sechs, sieben, acht!« Der Handel ist perfekt.

»Dankeschön, Monsieur! Auf Wiedersehön! Auf Wiedersehön!«, sagt der Kunde und schüttelt dem Verkäufer, der sich vor Lachen ausschüttet, heftig die Hand. – »Au revoir!«, verabschiedet sich der ältere Herr und verlässt mit seinem Korb voller Schächtelchen und Fläschchen den Raum.

Johnny mit seinem Vater Jurek Becker in Sieseby, Januar 1993

Der junge Verkäufer, der eben noch auf einer Kinderbank saß, vor einem Tischchen, auf dem ein kleiner antiker Kaufladen mit Wandregal und Tresen stand, bestückt mit winzigen Waren, Schächtelchen und Fläschchen, war damals sechs Jahre alt. Er ist ein aufgeweckter Junge mit dunklen Augen, der eine besondere Leidenschaft dafür hatte, sich zu verkleiden. Von früh an liebte er Fußball, und heute liest er gerne Krimis und Politthriller, spielt mit Begeisterung Computerspiele oder surft im Internet, wie viele Gleichaltrige. Sonntags trifft er sich meistens mit seinen Halbbrüdern, um gemeinsam etwas zu unternehmen. Der ältere Herr lebt nicht mehr. Er war Johnnys Vater: der Schriftsteller Jurek Becker. Der Altersunterschied zwischen dem jungen Verkäufer und seinem Kunden beträgt fast 53 Jahre.

Babar und Batman

Weil sein Vater viel unterwegs war, bekam Johnny von klein auf Postkarten von ihm aus aller Welt und auch von nebenan. Die erste Postkarte, die er erhält, kommt aus Brasilien. Sie ist geschrieben am 26. 8. 1992, etwas über zwei Monate nach Johnnys zweitem Geburtstag. Abgebildet ist darauf Babar, der berühmte Elefant des französischen Illustrators Jean de Brunhoff (1899–1937), eine Figur jener Bilderbuchreihe vom Anfang der 30er Jahre des letzten Jahrhunderts, die weltweit erschienen ist. Brunhoff griff ein Motiv auf, das ursprünglich seine Frau für ihren kleinen Sohn Laurent als Gutenachtgeschichte erfand. Die Mutter erzählte ihm von einem kleinen Elefanten, der vor einem Jäger davon lief und in einem kleinen Dorf ankam. Diese Bücher stehen für einen Wendepunkt in der Geschichte des illustrierten Kinderbuchs. Sie markieren den Durchbruch der Moderne auch auf diesem Sektor, sowohl was die Illustrationen als auch die Geschichten betrifft. Das private Leben, das sich in Gesprächen zwischen Eltern und Kindern abspielt, wird verknüpft mit der literarischen Abenteuer-Tradition nach Jules Verne'schem Vorbild, wenn Barbar auf Reisen geht. Laurent de Brunhoff setzte nach dem Tod seines Vaters die Buchreihe fort. Die Babar-Bücher hat Johnny von seiner Großmutter geschenkt bekommen und oft mit seinem Vater zusammen angeschaut. Es waren Johnnys Lieblingsbücher. Deshalb hat er auch häufiger Babar-Karten bekommen. Noch heute ist er angetan und amüsiert von dieser Figur.

Wie viele kleine Kinder, besonders Jungs, fand auch Johnny alles, was fährt, spannend. Ob Lokomotiven, Lastwagen, Busse, Feuerwehr- und Polizeiautos, Seifenkiste oder Rennwagen, sie alle fehlen als gemalte oder fotografierte Motive ebenso wenig in seiner Kartensammlung wie Tierabbildungen: Hühner, Elefanten in sämtlichen Lebenslagen, eine Katze, eine Robbe, Störche, Giraffen, ein Dromedar, ein Frosch, Mäuse, eine tropische Eidechse, ein

Johnny im April 1993

Reiter auf einem Vogel Strauß und ein Schlangenbeschwörer. Fotos von Clowns, einem Kindergesicht mit Kussmund auf der Wange, Kindern, die Indianer spielen, einem über eine Riesenpfütze springenden Mann, einem Floß mit Haus und von Baseballspielern. Es gibt Postkarten von Walt-Disney-Figuren, Mickey Mouse, Cinderella, Schneewittchen, es gibt Reproduktionen aus Bilderbüchern, Tom und Jerry sind vertreten und selbstverständlich auch Tim und Struppi und sogar ein Cartoon von Callaghan, der zwei Polizisten abbildet, die den Mörder Sharon Tates, den Sektenchef Charles Manson, bewachen. Manson lässt sich in Handschellen und Fußketten zynischerweise vor einem Mikrophon über die Werte der Familie aus. 1995 tauchen eine Dinosaurierfigur auf und – ganz besonders wichtig – schon ein Jahr früher Karten von Batman in verschiedenen Szenen, der Johnny ab dem Alter von vier Jahren begeisterte.

Die dunkle Comicfigur Batman, eine amerikanische Schöpfung von Bob Kane und seinem Texter Bill Finger, erlebte ihr Debüt 1939 in den USA. In Deutschland erschienen die ersten Batman-Abenteuer 1967. Bruce Wayne muss als 11-Jähriger erleben, wie seine Eltern von einem gemeinen Gangster ermordet werden. Sein Drang nach Rache schafft Gerechtigkeit und Ordnung. Wayne erlangt Ansehen und Reichtum, die es ihm ermöglichen, sich eine zweite Identität zuzulegen. Als Batman bekämpft er im Fledermauskostüm alle Bösewichter seiner Stadt. Er agiert dabei als detektivischer Ermittler und wird von seinem Kompagnon Robin begleitet. Unter der Wayne-Villa befindet sich seine Bathöhle, wo er über einen Fuhrpark technisch raffiniertester Gefährte verfügt, ganz im Stile eines James Bond. Dazu gehören ein fledermausartiges Batmobil, ein Hubschrauber, das Batboot etc. Alles, was der Superheld besitzt, ist absolut batmäßig. Das einfache Volk zeigt sich ihm gegenüber dankbar, die Gangster hingegen sind seine erbitterten Widersacher.

Johnny war von Batman tief beeindruckt, obwohl er weder Batman-Hefte hatte, noch die Filme kannte: »Ich fand Batman viel besser als Superman. Superman ist ein Schleimbeutel. Batman ist ja schon ein Guter, aber Superman ist noch anständiger. Er ist ein Außerirdischer, der nur seine Kräfte dazu einsetzt zu helfen. Batman ist dagegen ein ganz normaler Mann, der aus persönlicher Rache handelt.«

Superman, ein Deus ex Machina, der die amerikanischen Comicleser in den dreißiger Jahren in Bann schlug, war ein Vorläufer von Batman, gezeichnet von Jerry Siegel und betextet von Joe Shuster. Der Held kommt aus dem Weltraum. Seine Eltern schicken ihn als Baby mit einer Rakete zur Erde, als sich auf seinem Heimatplaneten eine Welten zerstörende Katastrophe ankündigt. Dort wird er von einem Farmerehepaar gefunden und als Clark Kent großgezogen. Sie lehren ihn, seine Superkräfte gegen das Unrecht zu gebrauchen. Er kann wahnsinnig weit springen, hat einen Röntgen-, Mikroskop- und Infrarotblick, seine Wahrnehmungssinne sind super sensibel, und er gleicht einem Mann aus Stahl. Seine Kräfte ähneln denen von Obelix, der zu viel Zaubertrank abbekam.

Johnnys Favorit jedenfalls war der wirklichkeitsnähere Batman, dem nicht Superkräfte, sondern eine raffinierte Technik zum Sieg verhilft. Die technischen Utensilien auf dem Spielzeugmarkt scheinen das ihre zu seiner Begeisterung beigetragen zu haben. Er besaß viele Spielfiguren, Batman in allen möglichen Varianten, samt den dazugehörigen Wunderwerken der Technik, mit denen diese Figur ausgestattet ist: zum Beispiel seinem speziellen Gasgewehr, einem Infrarotgerät für Nachteinsätze, einem Auto, das Raketen verschießen konnte, aber meistens geklemmt hat.

Johnny erzählt: »Es gibt eine ganz tolle Geschichte, die verdeutlicht, wie sehr mein Vater mich geliebt hat und was er alles für mich gemacht hat. Einmal saß ich abends gegen halb acht, also kurz vor Ladenschluss, wie immer vor dem Essen in meinem Zimmer und habe mit meinen Batman-Sachen gespielt, da fiel mir so ein kleiner Katalog mit Batman-Figuren in die Hände, und den habe ich mir angekuckt. Es stach mir da ein Exemplar mit rotem Anzug und einem speziellen Helm, der mit kleinen Scheiben schießen konnte, ins Auge – den musste ich unbedingt haben. Ich brauchte gar nicht lange zu betteln, mein Vater ist sofort mit mir ins Auto gestiegen und losgefahren. Um Viertel vor acht haben wir diese Figur gekauft. Wir wurden schon fast aus dem Kaufhaus rausgeschmissen. Ich habe gleich mit ihr gespielt. Am nächsten Morgen aber lag der Katalog natürlich immer noch da, und ich entdeckte darin ein Auto. Das Besondere daran war, dass der Batman in diesem Auto ein zweites Ich hatte, das ganz normal aussah. Dieser normale Mann konnte mit einem Handgriff so zurückgeschoben werden, dass er nicht mehr zu sehen war und Batman zum Vorschein kam. Gleichzeitig fuhren Kanonen raus. Damals wachte ich morgens zu einer für mich heute unmenschlich frühen Zeit auf. Als ich dann am nächsten Tag um sieben oder so in die Küche kam, stand auf dem Herd – ich erinnere mich noch – genau dieses Batmobil.

Manchmal war es auch so, dass ich gerade ein neues Batman-Teil bekommen hatte und mir in diesen kleinen Katalogen schon das nächste aussuchte. Dann hat er schon mal gesagt: Nee, jetzt spiel doch erst mal mit dem, was du hast. Doch am nächsten Morgen war es trotzdem da.

Die meisten Batman-Sachen aber hab ich gekriegt, wenn Papa lange auf Reisen gewesen war. Einmal kam er abends zurück, und ich bin ganz zufällig in die Küche gegangen, da lag ein Batman-Flugzeug auf dem Küchentisch! Ich hab all die Sachen eigentlich immer als Entschädigung dafür bekommen, dass er lange weg war. Später, als mir das dann Mama auf Wunsch gekauft hat, war dieser Effekt irgendwie weg. Das war nicht so spannend.«

Die letzte Batman-Figur hat er von seiner Mutter bekommen, kurz nachdem sein Vater gestorben war. Doch für sie hat er sich dann nicht mehr interessiert.

Johnnys Vater besaß einen ausgeprägten Sinn für komische und skurrile Situationen. Er schickte ihm Fotos eines Elefanten, der wartend in einer Bushaltestelle liegt oder in einen Bus einsteigt, in einem Auto sitzt, das natürlich einen Plattfuß hat. Er versandte Postkarten mit einem lachenden Sportwagen oder mit einer Spielzeugfeuerwehr mit einer blauen Kerze als Blaulicht, Autos, die über einer Steilklippe hängen oder halb auf der Brücke, halb überm Fluss schweben, einer Lokomotive, die von einer Hochbahn auf die Straße gestürzt ist. Auch ein Auto, aus dem überall antike Gegenstände herausragen, und eine seltsame Autoaufzugsgarage oder ein Mann, der es sich auf den Bahngleisen gemütlich gemacht hat, sollen Johnny zum Staunen bringen.

Die klassische Ansichtskarte kommt in dem Konvolut der Postkarten, die der Vater an seinen Sohn Johnny geschrieben hat, eigentlich nicht vor. Es existiert eine mit Leuchttürmen und eine vom Empire State Building in New York, in dessen Spitze ein Blitz einschlägt. Es finden sich Karten mit naiven Darstellungen von Strand- und Meerszenen, einem Verkehrschaos, Abbildungen einer kleinen Straße und von Plätzen mit Gebäuden, Bauernhofszenen, Bilder von Kindern und plakative graphische Darstellungen mit Flächen und Formen in bunten Farben, betitelt mit »Ostsee«, »Nacht mit Halbmond« oder »Sperrmüll«. Die Kunstpostkarten, die Johnnys Blick für die moderne Kunst schulen und eine andere Darstellungsform einbeziehen sollten, stammen von modernen Malern des 20. Jahrhunderts. Hier sind haupt-

Bauer Johnny bei der Arbeit, August 1992

Johnny an seinem 5. Geburtstag in Sieseby

sächlich Wassily Kandinsky, Pablo Picasso, Fernand Léger und Joan Miró vertreten. Die ausgewählten Motive sind stark formenorientiert, meist flächig und farbig gemalt. Bei Picassos »Badenden Frauen«, Chagalls »Zirkus« und Légers »Personen mit Blumen« war wohl auch das Szenische ausschlaggebend für die Auswahl. Gemeinsam ist diesen Bildern neben ihrer Flächigkeit und Farbigkeit eine klare Formgebung. Mirós Bilder ähneln Kinderzeichnungen.

Bauer Sumsebum und Maus Suse

Auf der ersten Postkarte, »Babar zu Besuch bei einer alten Dame«, schreibt der Vater, er hätte mit Babar Tee getrunken und ihm von Johnny erzählt. Babar hätte ihn gefragt, ob Johnny gerne sein Buch anschauen würde. Damit stellt er einen direkten Bezug zu Johnnys Welt her. Seine eigene bleibt ausgeklammert, vom Hinweis einmal abgesehen, dass er sich in Brasilien aufhält. Die zweite Karte, »Babars Frühstück«, vom 18. 9. 92, schreibt er ihm aus Kassel. Auch dort hat der Vater Babar getroffen, der wissen wollte, warum denn »knitzpatzpotz« der Johnny nicht da sei. Das nächste Babar-Motiv verschickt er erst am 26. 10. 92 aus Erlangen, dazwischen erhält Johnny andere Postkartenmotive. Auf dieser Babar-Karte nimmt der Absender direkten Bezug auf das Bild: »So, wie die Babar-Kinder eine Geschichte vorgelesen kriegen, so werde ich Dir auch zwanzig Geschichten erzählen, wenn ich bloß erst wieder zurück bin.« Es folgen, mit einer Ausnahme, noch einmal vier Babar-Karten hintereinander, aber nur noch die nächstfolgende greift im Text das Bildmotiv auf, während er darauf sonst ganz andere Geschichten erzählt. Johnnys Vater führt den kleinen Jungen an seiner Literatenhand in neue Gefilde und bezieht sich dabei dennoch immer auf dessen Welt.

In Johnnys Welt spielen schon seit er zwei Jahre alt ist Traktoren eine große Rolle. Auf der dritten Karte schreibt der Vater, er hätte einen echten Bauern mit einem Traktor gesehen. Wenn Johnny wieder in Sieseby sei, würden sie ihn besuchen und zusammen Traktor fahren. Am 14. 11. 92 berichtet der Vater dem Sohn, er hätte einen Bauern gesehen, der seinen Traktor geputzt hätte, weil er über Winter in die Garage müsse, wie Johnnys »Tratojar« in Sieseby auch.

In Sieseby, einem Dorf nahe der dänischen Grenze, hatten Johnnys Eltern gleich nach sei-

Jurek und Johnny Becker im Amphitheater von Epidauros, Mai 1992

Johnnys Strandleben auf Zakynthos, Mai 1992

ner Geburt ein Haus an der Schlei gekauft, um mit dem Kind der schmutzigen Berliner Stadtluft entfliehen zu können. Oft lebten sie viele Wochen dort, und Johnny fühlte sich pudelwohl: »In Sieseby gab es Frau Wohlsen. Das war eine Nachbarin, und die war praktisch dort meine Oma. Wir waren jeden Nachmittag über mehrere Jahre um drei Uhr verabredet. Wir sind durchs Dorf spazieren gegangen, entweder eine große Runde oder eine kleine Runde. Und der einzige Beitrag von Mama und Papa war, dass ich immer eine Tafel Schokolade mitbekommen habe. Später, so mit sieben, acht Jahren, habe ich dann damit angefangen, ihr jedes Mal eine Geschichte zu erzählen, die ich mir einfach so ausgedacht habe.« Die Mutter fügt hinzu: »Frau Wohlsen, die wie ihre Mutter und Großmutter in Sieseby geboren worden war, war eigentlich die Hauptattraktion für Johnny. Ohne sie hätte es ihm gar nicht so viel Spaß gemacht, ohne diese nachmittäglichen Verabredungen, durchs Dorf zu gehen oder übers Feld und mit den Bauern zu reden. Sie kannte da alles, alle Leute, sie kannte die Bauern, die Natur – sie konnte alles erklären. Frau Wohlsen besaß eine Laube nahe am Ufer, so dass das Wasser direkt gegen die Mauer klatschte. Irgendwann kriegte Frau Wohlsen Gelenkprobleme und war viel auf den Kanarischen Inseln. Wenn sie nicht in Sieseby war, hatte Johnny keine Lust hinzufahren. Es wurde also vorher geklärt, ob die Nachbarin überhaupt da war.«

Später, als Johnny altersgemäß lebhafter und lauter wurde, nutzte sein Vater das Haus auf dem Lande mehr und mehr auch als Rückzugsort vor der Familie, um in Ruhe arbeiten zu können. Von Sieseby schreibt er Johnny am 5. 1. 1993, dass die Traktoren alle in der Garage stünden, weil auf den Feldern nichts zu tun sei, und am 25. 2., dass man nirgends einen Traktor sähe, weil alle Bauern zu Hause säßen und frören. Am 15. 4. 93 verspricht der Vater auf einer Karte, abgeschickt in Saint Louis, USA, dass sie im Sommer wieder in Sieseby sein und mit dem Traktor aufs Feld fahren werden.

Johnny kommentiert: »Das war in meiner Phase: Ich bin ein Bauer. Ich bin ein Bauer und habe einen Traktor. Ja, Traktoren waren meine absoluten Lieblingsfahrzeuge, und ich glaube, ich habe zum Traktor anfangs immer ›Ra‹ gesagt, später dann ›Tratojar‹. Ich habe mir zu Hause auch selber Traktoren gebaut mit zwei Stühlen, einer Decke, einem Hocker und noch irgendwas. Das war immer am Schönsten.« Seine Mutter steuert noch eine kleine amüsante Episode bei: »Einmal machten wir zwei Wochen lang Urlaub auf der kleinen griechischen Insel Zakynthos. Wir haben uns dort eine kleine Wohnung genommen und sind jeden Morgen zum Strand gegangen. Wir wollten, dass Johnny badet, sich freut oder das tut, was immer er will, also es sollte eben ein kindgemäßer Urlaub sein. Tatsächlich lief das folgendermaßen ab: Morgens kam immer ein Mensch auf einem Traktor mit Anhänger zum Strand, und darauf stapelten sich Strandliegen. Der Mann lud die Liegen ab, stellte sie auf und vermietete sie. Er kassierte und ging dann in ein nahe gelegenes Café, setzte sich dort hin und spielte mit seinen Kumpels Karten. Am Nachmittag, so gegen vier, halb fünf verschwand die Sonne hinter einem Dach, und dann wurde es auch ungemütlich. Also kam der Typ zurück, hat seine Liegen wieder eingesammelt, auf den Traktor geladen und fuhr ab. Da Johnny auf dem absoluten Traktortrip war, er hielt sich ja für einen Bauern, kam er morgens an, hat sich nicht für den Strand interessiert, nicht für den Sand, nicht für das Wasser, sondern er wollte nur auf diesen Traktor.

Da der Typ im Café saß, gingen wir davon aus, dass er nichts dagegen haben würde, wenn wir Johnny auf den Traktor setzten, und so taten wir das. Dort blieb er den ganzen Tag lang. Wir haben ihm Essen und Trinken gebracht, er wurde dort gefüttert, wir haben ihn zwischendurch eingecremt, ihm Mützen aufgesetzt, T-Shirts übergezogen, Hosen gewechselt – er blieb dort und rührte sich nicht vom Fleck. Und dann passierte immer Folgendes: Nachmittags gegen vier Uhr, wenn Johnny sah, dass der Mann im Café aufstand und langsam die Straße herunterkam, begann er wie verrückt zu schreien, weil er wusste, gleich muss er absteigen. Er fing an zu kreischen, als würde man ihm ans Leben gehen wollen, und klammerte sich am Lenkrad fest. Es war furchtbar.« Johnny ergänzt: »Am Anfang wusste ich natürlich nicht, dass ich runter musste, wenn der Mann kam. Ich habe einfach gewartet, bis er da war. Aber später habe ich es dann kapiert: Immer wenn der Mann kommt, muss ich gehen.«

Eines der ersten Worte, die Johnny lernte, war »Bauer«. Johnny fühlte sich als Bauer, und so erfand sein Vater ihm Gutenacht-Geschichten vom Bauern Sumsebum und der Maus Suse.

»Herr Sumsebum«, erzählt Johnny, »war ein Bauer und hatte eine Maus, und die hieß Suse. Mein Vater hat mir abends ganz oft Geschichten von den beiden erzählt. Die hat er sich in diesem Moment ausgedacht. Diese Geschichten waren toll! Er hat in diesen Geschichten immer genau das wiedergegeben, was ich an diesem Tag erlebt hatte, aber er hat das so geschickt gemacht, dass ich das nie gemerkt habe. Ich dachte immer: Woher hat er diese ganzen Abenteuer! Ich kann mich noch an kleine Sachen erinnern. Zum Beispiel einmal, als der Bauer Sumsebum in ein Hotel kam, hat er gefragt, ob sie dort auch Mauselöcher für seine Maus haben. Wir waren nämlich an dem Tag in Amerika in einem Hotel angekommen, und es musste ein Extrabett für mich reingestellt werden, denn es war ein Doppelzimmer. – Die Sumsebum-Geschichten waren lustig, aber zu lustig durften sie auch nicht sein. Ich sollte ja einschlafen.«

Das literarische Motiv vom Bauern Sumsebum und der Maus Suse, das der Vater für seinen Sohn ersann, taucht in den Postkarten immer wieder auf. Diese Postkarten stellen einen sehr persönlichen Bezug zum Kind her, das die Gutenacht-Geschichten des Vaters wegen seiner Abwesenheit vermisst.

Das Bauer-Maus-Gespann fungiert als eine Art Alter Ego der beiden. Ein direkter Beleg dafür erscheint auf der Postkarte vom 15. 4. 93, als der Vater für Johnny die Anrede »Liebe Maus Suse« benutzt und mit »Dein Bauer Sumsebum« unterzeichnet. Die Maus Suse scheint Johnnys Vater öfter zu begleiten, sie nistet sich dann in seiner Tasche ein. In Gedanken ist er bei seinem Sohn und die Maus Suse deshalb bei ihm.

Da Johnny Mohrrüben überhaupt nicht mochte, wollte die Maus Suse sie auch nicht essen. »Wenn ich nach Hause komme, machen wir beide meine Tasche auf, und da drin sitzt die Maus Suse. Wir werden sie fragen, ob sie eine Mohrrübe essen möchte, und was wird sie antworten?« (4. 11. 92) – »Brrrrrr – «, sagt Johnny, »die hätte sich auch geschüttelt. Aber ich habe auf diese Fragen nie geantwortet, weil ich wusste, dass Papa mir die Frage gestellt hatte, und wenn ich Mama die Antwort gesagt hätte, dann hätte das nichts gebracht. Also, ich hab mir immer meine Antwort gedacht und gesagt: ›Aha, schön!‹«

Am 25. 3. 93 schreibt er aus Saint Louis: »In wenigen Tagen bin ich auch zu Hause, dann greife ich mir den alten Johnny, wir gehen in einen Spielzeugladen und suchen einen Bauern Sumsebum. In Ordnung?« Johnny erinnert sich: »Ich hatte von Playmobil einen Traktor, aber da saß immer jemand anders drauf, also ich hatte keine Figur, von der ich gesagt habe, das ist der Bauer. Bauern waren für mich immer was anderes.«

Vom 9. 4. 96 bekommt er eine Karte, auf der eine naiv gemalte Bauernhofszenerie abgebildet ist, nach einem Original von Rosemarie Matouch: »… hier siehst Du endlich den Hof von Bauer Sumsebum. Alle sind da, Sumsebum selbst, seine Frau, die Katze Mauke, der Hund, Hühner, Pferde und der Sohn vom Nachbarn. Nur Suse hat sich versteckt, denn die Katze ist sauer, weil Suse vorhin ihre ganze Milch ausgetrunken hat. Ich glaube, sie sitzt hinterm Baum.«

Pirat und Detektiv

Schon lange bevor Johnny sich für Batman begeisterte, faszinierten ihn Polizei und andere Ordnungshüter. Aber angefangen hatte alles mit dem Wunsch, Bauer zu sein, dann Handwerker. Für beide brauchte er keine Verkleidung. Schminke hat Johnny immer abgelehnt. Als Handwerker hatte er seine Werkzeuge. Er nahm einen Schraubenschlüssel und schraubte überall herum. Zu seinem zweiten Geburtstag bekam Johnny von einer Freundin seiner Mutter ein Schaffnerkostüm mit blauem Mützchen und Signalkelle geschenkt. Damit brach für ihn ein neuer Lebensabschnitt an: Er entdeckte die Leidenschaft für Verkleidungen und vor allem für Uniformen. Seine Mutter erzählt: »Johnny fand von da an uniformierte Leute auf der Straße spannend. Und er fing an, diese Schaffneruniform für mindestens vier oder fünf verschiedene Verkleidungen zu benutzen. Mal setzte er die Mütze schräg auf, dann war's ein Militärkäppi, oder die Mütze wurde gerade gedreht und mit einem Abzeichen versehen, das er sich selbst gemalt hatte, dann war's eine Polizeimütze und so fort. Am häufigsten kostümierte er sich als Cowboy, Feuerwehrmann, Polizist und Pirat.« Als Seeräuber hat sich Johnny allerdings weniger verkleidet. Die dazu gehörende Augenklappe hat er wegen seiner nicht sonderlich guten Sehkraft nicht gerne getragen. Piraterie hat er deshalb lieber mit seinem großen Playmobil-Piratenschiff gespielt. – Heute sagt Johnny: »Also natürlich spielte ich am liebsten Figuren, die irgendwas mit Staatsgewalt zu tun hatten. Eine Zeitlang hatten mir auch Postbote oder Schaffner Spaß gemacht, aber die dürfen keine Waffen tragen, waren also langweilig. Natürlich hatte ich mir manchmal auch einen Sheriffstern angeheftet, aber verkleidet hatte ich mich als Cowboy. Später verkleidete ich mich gern als Militär irgendeiner Spezialeinheit. Nicht, dass ich so jemand sein wollte. Ich glaube, dass mich mehr der Hintergrund daran interessierte. Ich kannte mich damit aus.

Ritter mochte ich auch sehr gern. Einen Ritter darzustellen ist wirklich nicht schwer. Man braucht keine große Ausrüstung: Helm, Schild, Schwert.« Seine Mutter ergänzt: »Weißt du noch, wie Papa das mit dir gekauft hat? Du warst drei oder zweieinhalb vielleicht. Du hattest den Wunsch, eine Ritterrüstung zu bekommen, und da der Papa alles gekauft hat, was

Ritter Johnny, Fasching 1994

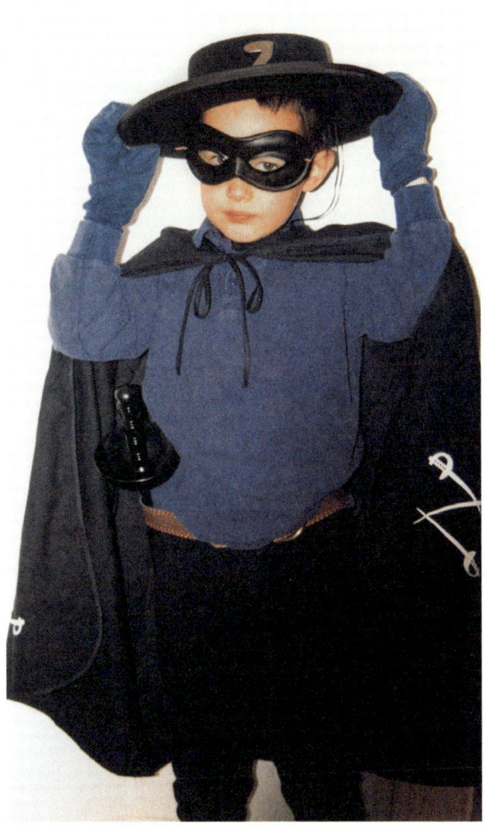

Johnny als Zorro, Januar 1995

Johnny tritt als römischer Legionär gegen seinen Vater an, August 1996

Pirat Johnny, März 1996

Johnny als Detektiv, Dezember 1994

du dir wünschtest, ging er mit dir zu Deco-Behrend und sagte: Der Ritter Lancelot hier braucht eine Rüstung. Die Frau erwiderte: Kein Problem! Sie ging nach hinten, kam mit dem Kostüm wieder: Hier bitte, Ritter Lanzarote!«

Der Vater reagiert auf die Rollenspiele des Kindes in seinen Postkarten vorwiegend in den Anreden: »Du oller Mäusedetektiv« (11.10.93), »Du alter Piratenkapitän« (13.2.94), »Du alter Piratenfeuerwehrsheriff« (27.9. 94), »Du alter Seeräuber« (12.9.95), »Du alte Piratenschrippe« (18.2.96). Am 22.3.94 erzählt er sogar, dass er auf die Frage von Frau Wohlsen, wo Johnny sei, geantwortet habe: »... der Johnny ist Piratenhauptmann geworden und ist mit seinem Piratenschiff unterwegs.« Und endet: »Aber es ist möglich, daß sie mir das nicht ganz geglaubt hat.«

Der Schreiber ist häufig nicht allzu weit weg von Johnny, wenn er auf eine Figur wie Pirat oder Detektiv anspielt. Er hält sich oft in Sieseby oder Berlin auf, nur einmal in Hannover. Hauptsächlich spricht er ihn dann so an, wenn er ihn gleichsam vor Augen hat. Am 15.2.94 schreibt der Vater aus Sieseby: »Du alter Detektiv, weißt Du eigentlich, daß Detektive sich alles ganz genau ansehen? Dann überlegen sie, dann kucken sie noch mal, dann wissen sie Bescheid und fangen den Verbrecher. Hast Du beim Fasching auch alle Verbrecher gefangen?«

Diese Vorgehensweise scheint Johnny sich angeeignet zu haben, auch was seine Verkleidungen betrifft. Er ist ein großer Verwandlungskünstler. Innerhalb der kürzesten Zeit wechselt er die Kostümierung. Er verkleidet sich mit wenigen und einfachen, aber effektvollen Mitteln und trifft sehr genau die Figuren, die er darstellen möchte. Wie der Detektiv genau beobachten muss, um den Verbrecher zu eruieren und schließlich zu fangen, so muss auch ein Verkleidungskünstler die Figur genau betrachten, um sie darstellen zu können. Die Reduzierung auf wenige Mittel zur Darstellung einer Figur setzen eine große Beobachtungsgabe voraus und die Fähigkeit des Erkennens wesentlicher Charakteristika und Merkmale. Die Leidenschaft zur Verkleidung geht bei Johnny sogar so weit, dass er sich im Trikot der Nationalmannschaft, mit Stulpen und Fußballschuhen gemeinsam mit seinem Vater, einem begeisterten Sportanhänger, bei der EM '96 das Endspiel Tschechien gegen Deutschland im Fernseher angeschaut hat.

Bellende Katze, tutender Hund

Johnnys humorvoller Vater ist nie um Späße verlegen. Von Anfang an spielt er auf den Karten an seinen Sohn mit der Sprache. Er verballhornt das Wort »Traktor« zu »Quacktor« und »Klacktor« und korrigiert sich dann jedes Mal selbst. (26. 9. 92) Am 9. 11. 92 schreibt er vermutlich aus Saarbrücken: »Beim nächstenmal fahre ich nur noch in Hotels mit einem Johnny, sonst macht mir das Ganze keinen Spiß. Quatsch – keinen Spuß. Quatsch – ich meine, keinen Spaß.« Am 25. 10. 93 teilt er mit: »... ich finde einfach keinen Empörungswagen. Quatsch! – ich meine einen Verblödungswagen. Quatsch! – ich meine natürlich einen Zerstörungswagen! Oder wie heißt dieses Ding?« Er wollte für Johnny einen Entstörungswagen kaufen, doch hat er in der Schweiz keinen auftreiben können. (29. 10. 93) Normale Leute würden zum Beispiel einen »Trabicedes« kaufen, behauptete er am 23. 3. 94. Und am 20. 6. schreibt er ihm, dass er »himmelhöllenhundekatzenmäusefroh« sei, dass Johnny wieder zu Hause ist.

Am 16. 11. 92 berichtet er aus Heidelberg, dass er in einer Stadt sei, in der die Autos lachten, die Katzen bellten, die Hunde tuteten und die Feuerwehr kikeriki mache. Und die Radieschen seien grün wie Tomaten. »Das ist natürlich alles Quatsch, ich wollte nur, daß der Johnny lacht.« Falsche Zuordnungen wie hier sind dem Vater ein beliebtes Spiel. Aus der Schweiz schreibt er (26. 10. 93), dass alle Kinder dort einen langen Bart hätten, und alle Pferde einen Propeller, und alle Polizisten lutschten Eis, und alle Postboten führen mit dem Roller. Das sei natürlich alles Quatsch, aber wär es nicht lustig? Und die Autos müssten nicht Benzin tanken, sondern Tomatensaft. Am 11. 10. 94 schreibt der Vater: »... hier in Polen, wo ich jetzt bin, sehen die Polizisten aus, wie bei uns die Briefträger. Und die Briefträger sehen aus, wie bei uns die Eisenbahner. Bloß die Kinder sehen genauso aus wie bei uns.« Verdrehte Welt, doch bei den Kindern bleibt alles im Lot.

Am 22. 10. 93 berichtet er: »... ich bin in einer Stadt, die heißt Baden-Baden. Dort muß jeder an jedem Tag baden und dann noch mal baden. Sei bloß froh, daß Du nicht in Baden-Baden wohnst.« Aus Erfurt meldet er (18. 10. 93): »... ich habe eine Frau nach dem Weg zum Bahnhof gefragt, und weißt Du, was sie geantwortet hat? IMMER DER NASE NACH. Ist das nicht komisch?« Am 30. 3. 94 mokiert der Vater sich darüber, dass er den Weihnachtsmann im Garten gesehen habe, der Geschenke verstecken wollte. Doch der Vater klärt ihn auf, dass jetzt Ostern sei. Da entschuldigt sich der Weihnachtsmann für seine Verwechslung und macht sich davon. Oder er beschreibt eine Abbildung bewusst falsch (16. 7. 95): Das Foto zeigt Gänse, die vor einer fahrenden Lokomotive her laufen. »... kannst Du mir vielleicht sagen, was die Hühner mitten auf der Autobahn zu suchen haben? Was, das ist gar keine Autobahn, sondern ein Radweg? Und es sind gar keine Hühner, sondern Fledermäuse? Ich glaube, ich muß mir bald mal eine neue Brille kaufen.« Eine Karte mit der Abbildung eines Holzfisches mit amerikanischer Flagge beschriftet er (26. 8. 95): »... erkennst Du den Fisch wieder? Ich dachte, wir hätten ihn in Amerika aufgefuttert, aber irgendwie muß er entkommen und auf dieser Karte gelandet sein. Und jetzt können wir ihn natürlich nicht mehr kochen. Schade, wäre 'ne schöne Suppe geworden.«

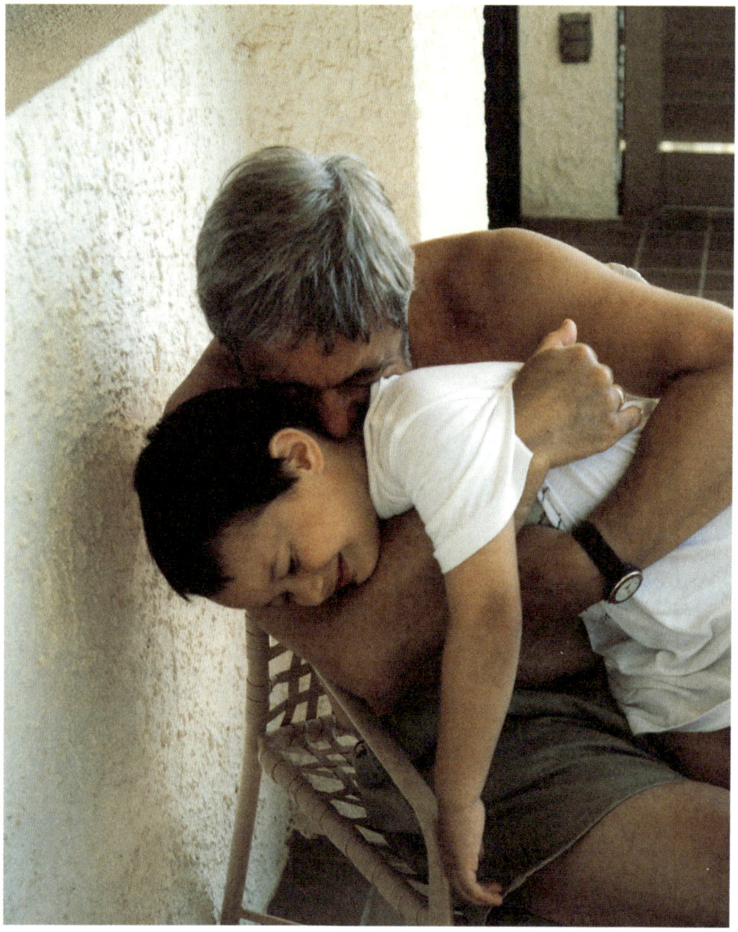

Jurek und Johnny Becker, 1995

Dem Vater scheint es ein großes Anliegen zu sein, das Kind zum Lachen zu bringen. Er macht mit ihm Faxen, kitzelt es und unterhält es mit Wortspielen und Quatschgeschichten. Das die Spache erlernende Kind freut sich über solchen Nonsens und daran, dass es ihn als solchen erkennt. Es liefert ihm im Rollentausch ein Erfolgserlebnis, weil der Erwachsene, der als Vorbild fungiert und es sprachlich normalerweise korrigiert, nun selbst Fehler macht, und ihm die Sprache zu entgleiten scheint. Der Sinn des Unsinns ist: Das Kind lernt durch Humor und Lachen, dass Irren menschlich ist. Eine humanistische Erkenntnis.

Picknick mit Blaulicht

Unglaubliche Geschichten macht der Autor auf den Postkarten ebenso glaubhaft wie erfundene, durchaus realistisch erscheinende Historchen, indem er versichert, selbst dabei gewesen zu sein: heute, gestern oder vorhin, jetzt, in der letzten Nacht sei dies und jenes passiert, habe er dies und das gehört oder gesehen, manchmal auch geträumt. »... vorhin habe ich einen echten Bauern auf einem Quacktor gesehen ...« (26. 9. 92); »... heute habe ich einen Bauern gesehen ...« (14. 11. 92); »... gestern war ich auf einem großen Markt.« (15. 11. 92); »... heute war ich in einem Supermarkt ...« (7. 1. 93); »... gestern war ich beim Fleischer ...« (10. 1. 93); »... heute hat mich die Frau Wohlsen gefragt, wo der Johnny ist.« (28. 2. 93) Alles scheint brandaktuell zu sein. Johnny hat Teil an dem Leben seines Vaters, auch wenn er sich an einem anderen Ort befindet.

Um die Überraschung der Begebenheit oder ihre Außerordentlichkeit zu formulieren, leitet er die Geschichte oft ein mit »stell Dir vor«: »... stell Dir vor – ich habe hier in Brasilien Babar getroffen.« (26. 8. 92); »... stell Dir vor, ich bin in einer Stadt, da lachen die Autos« (16. 11. 92); »... stell Dir vor, hier in Indien laufen die Kühe mitten auf der Straße herum« (1. 12. 93); »... stell Dir vor, heute früh bin ich ganz leise aufgestanden, bin runtergegangen, hab eine Flasche Kakao gemacht und wollte sie in Dein Zimmer bringen. Da erst hab ich gemerkt, daß Du gar nicht mehr hier bist.« (13. 2. 94)

Egal, ob der Vater seinem Sohn Geschichten über Tiere, über Polizisten oder Feuerwehrmänner schreibt, ob er das Postkartenmotiv zum Anlass fürs Fabulieren nimmt oder reale Begebenheiten, meistens werden unglaubliche Geschichten daraus, sprühend vor Phantasie, die immer die augenblickliche Entwicklungsstufe des Kindes einbeziehen. Auffallend ist dabei, dass in seiner Postkartenwelt die Tiere ebenso dialogfähig sind wie die Menschen. Sie werden als gleichberechtigte Partner ernst genommen, mit denen man sich verständigen kann, und die sich natürlich auch untereinander verständigen. Im gesamten Postkartenkonvolut wird sich keine Karte finden, die das klassische Kindchenschema bemüht – à la: Ist das nicht ein niedliches Tierchen.

Gefragt und geantwortet, gedacht oder geträumt – die demokratische Dialogform ist vorherrschend in seinen Texten. Der Autor redet mit Babar, der Maus Suse und dem Bauern Sumsebum, verschiedenen Tieren, dem Weihnachtsmann, bekannten und unbekannten Menschen und natürlich mit seinem Sohn. Phantasie und Wirklichkeitssinn werden gleichermaßen angesprochen. Er will kein Wolkenkuckucksheim als Gegenwelt errichten, sondern er will Johnny zeigen, die reale Welt ist staunenswert genug und birgt phantastische Schätze – gerade im Alltäglichen. Beim Vater fungiert das Reich des Imaginären nicht als Angebot zur Weltflucht, nicht dazu, eine Kinderwelt zu verklären, sondern sie zu verklaren. Viele Geschichten sind nur knapp an der Wirklichkeit vorbei erzählt, oder die Wirklichkeit wird frisiert. Der Vater bürgt auch beim Flunkern mit der eigenen Augenzeugenschaft: Ich habe gesehen –, ich habe gehört –, ich habe erlebt –, macht aber das Augenzwinkern so sinnfällig, dass es nicht schwer ist, Realität und Phantasie auseinander zu halten, wenn es nötig ist, da er meistens den Quatsch auch als solchen benennt: »Diesen Geburtstagsquatsch erzählt Dir Dein Papa ...« (23. 6. 96) oder mit einer Nachfrage die Geschichten beendet, die Zweifel ausräumt: »Kannst Du das glauben?« (27. 10. 93) »Oder was meinst Du?« (13. 10. 94) »Ist das nicht zum Staunen?« (14. 10. 94)

Nur ein einziges Mal hat der Vater auf einer Postkarte gereimt, ein Gedicht über Mäuse. (6. 11. 92) Der Vater vermied normalerweise jede ambitionierte literarische Sprache beim Schreiben an seinen Sohn, womöglich, um das Zwiegespräch mit dem Empfänger auf gleicher Augenhöhe zu halten, anstatt sich durch einen zu artifiziellen Stil von seinem Gegenüber abzuheben. Im Gedicht wird die Dialogebene verlassen. Der dramaturgische Aufbau einer Geschichte war dem Autor wichtiger als vorgeführte dichterische Kunstfertigkeit: »... vorhin habe ich in einen Apfel gebissen, da höre ich plötzlich, wie jemand sagt: He – kannst Du nicht aufpassen! In dem Apfel war nämlich eine kleine Raupe (...) Ich habe mich natürlich entschuldigt und mir dann einen anderen Apfel genommen.« (28. 10. 93) Er verleiht den Lebewesen Stimme und Sprache, bezeugt Achtung vor jeglicher Kreatur. Auch Kinder können in ihrer Welt mit allem und jedem in Kommunikation treten – vom Kieselstein bis zum Regenwurm.

Die anderen Tiergeschichten folgen erst, als Johnny fast vier Jahre alt ist. Katze und Hase haben sich im Garten gestritten. Der Vater mischt sich ein und bestimmt, dass die beiden dort nur spielen dürften, wenn sie sich nicht zankten. (5. 4. 94) Auf der folgenden Karte, zwei Tage später, möchte er wissen, ob Johnny weiß, warum der abgebildete Storch so sauer sei? Und liefert die Antwort gleich mit. Er bezieht sich auf das Bildmotiv der vorigen Karte. Der Storch hätte den Frosch nicht erwischt, den er auf der vorhergehenden Karte geschickt habe.

Ein anderes Mal bekommt Johnny die Abbildung eines Schlangenbeschwörers. Der Absender beschreibt dessen Tätigkeit und schlägt vor, dass er mal Mami in den Wäschekorb legen könnte und Johnny die Flöte spielen sollte, um zu sehen, was sie dann tun würde, antizipiert aber schon, dass sie es vielleicht nicht so lustig fände. (15. 4. 94)

Mal berichtet der Vater, er hätte einen Hund gesehen, der eine Katze im Handwagen zog. »Den habe ich gefragt, warum ziehst du denn die Katze? Und der Hund hat geantwortet: WAUWAU! Wahrscheinlich heißt das in der Hundesprache: Das geht dich nichts an! Oder was meinst Du?« (13. 10. 94) Im Hotelzimmer hätte ihn eine Fliege genervt, die er dann in den Kühlschrank sperrte, wo sie jetzt frieren müsste (15. 10. 94 aus Krakau).

Johnnys Leidenschaft für Traktoren, Bagger, Müll-, Feuerwehr- und Polizeiautos nimmt sein Vater nicht ohne Bedacht auf. Die Faszination des Jungen wird aufmerksam bedient. Der Vater liefert zu. In diesem Bilderkosmos ist jedes Gerät nicht bloß technischer Selbstzweck. Immer wird ein Bezug zu Mensch oder Tier hergestellt. Die Technik wird belebt durch den Menschen. Die Lebewesen werden nicht aus dem Auge verloren: Technik ist für sie da, nicht umgekehrt. Am 10. 11. 92 schreibt der Vater, dass er an Johnny denken müsse, obwohl es dort im Restaurant kein Müllauto gäbe. Bei ihm springen die Feuerwehrleute von ihrem Fahrzeug, um essen zu gehen. (13. 10. 93) Dem Katastrophenzustand werden die normalen existentiellen Bedürfnisse zugesellt. Mit demselben dramaturgischen Kniff kredenzt der Vater Johnny einen Polizisten, der in aller Eile zum Supermarkt rannte. Wie sich herausstellte, jagte er aber keinem Verbrecher hinterher, sondern wollte kurz vor Ladenschluss nur noch etwas einkaufen. (20. 10. 93) Eine ganz normale Familie leiht oder klaut sich einen Löschwagen für ein Picknick. (15. 7. 96) Die Polizei hat auf der Autobahn Raser gestoppt, aber nicht den Vater, weil dieser an Johnny dachte und deshalb ganz besonders vorsichtig fuhr. (19. 10. 93) Er jongliert mit der gebrochenen Verkehrsregel, die das Kind schon kennt und fleißig übt, wenn er berichtet, dass in Neapel die Polizisten nicht hinsehen, wenn Leute bei Rot über die Ampel gehen. (15. 2. 95) In Peru trillern sie ständig mit der Trillerpfeife, haben wohl »einen Trillervogel«. (3. 11. 95) Einmal wird ein Polizeiauto von einem Abschleppwagen abgeschleppt (Bildmotiv), und sein Vater fragt sich, warum das wohl so sei, und ob es ungestraft bleiben würde. (18. 9. 96)

Das geschickte Spiel mit Ausnahmezuständen lässt der Vater in seinen Kartengeschichten ebenfalls nicht aus. Er beobachtete angeblich einen Unfall, bei dem ein Auto ganz langsam gegen ein anderes fuhr: »Können Sie nicht aufpassen, Sie Käsebrötchen?« sagt der Geschädigte. Der Verursacher antwortet: »Tut mir leid, Sie Mülltüte, soll nicht wieder vorkommen.« (17. 10. 93) Oder er schreibt aus San José, dass bei einem uralten Taxi die Tür abfiel, und der verärgerte Fahrer dann gegen die Stoßstange getreten sei, die daraufhin auch abfiel. »Ich glaube, so olle Autos gibt es bei uns nicht, höchstens in Deiner Spielzeugkiste.« (15. 11. 95)

Johnny zu Schulanfang mit seinem Vater, August 1996

Geträumter Zauberer

Johnnys Vater begleitet den Sohn bei seinen Schritten in die Welt. Er fragt nach, ob es ihm im Kindergarten gefiele. (12. 8. 93) Nach dem Umzug der Familie von Berlin Kreuzberg nach Steglitz schreibt er ihm die erste Karte in die neue Wohnung am 17. 9. 94, um für das Kind möglichst viel Kontinuität zu wahren: »Denn alles muß ja nicht anders werden, bloß weil man umgezogen ist.« Den Vater interessieren die Fortschritte im Schwimmunterricht, und er macht Mut (31. 5. 96): »Lernst Du es langsam?« Er selbst sei immer wieder ins Wasser gegangen und irgendwann habe er plötzlich schwimmen können. Wahrscheinlich habe er es immer schon gekonnt, nur nichts davon gewusst, und bei Johnny sei es vielleicht genauso. Am 30. 6. 96 bekennt er, dass er ihn beim Radfahren beobachtet habe und wohl besser ein »Fußgängerschutzweg« vor ihrer Haustür angelegt werden solle, weil Johnny so durch die Gegend brettere … und unterzeichnet mit »Dein stolzer Papa«. Elf Tage später gesteht er: »Du olles Vorderrad, letzte Nacht habe ich davon geträumt, wie wir beide Fußball gespielt haben und wie ich

Johnny und sein Vater, Januar 1996

gewonnen habe. Leider geht das nur im Traum, denn in Wirklichkeit verliere ich ja immer. Wenn auch manchmal ganz knapp.« Schließlich berichtet er zu Johnnys Einschulung (4. 8. 96), dass er von einem Zauberer geträumt habe, der ihm alle Fragen beantworten konnte. Er fragte den Magier, wie Johnny wohl die Schule gefallen werde, ob er ein guter Schüler sein würde, und viele Freunde fände. Der Zauberer antwortete: Die Schule würde ihm meistens gefallen, er würde ein toller Schüler werden und nicht viele, aber ein paar sehr gute Freunde und Freundinnen finden.

Im Jahr vor Johnnys Einschulung schickt sein Vater ihm häufiger Karten, auf denen er fragt, was auf dem Bild zu sehen sei. »... siehst Du auch fünf Elefanten auf dem Bild und dazu noch eine Elefantenpuppe? Und siehst Du auch eine Brille?« (8. 9. 95) »... kannst Du mir erklären, wieso der Lastwagen mitten auf der Brücke durchs Geländer gekracht ist?« (28. 1. 96) »... ich kucke und kucke auf das Bild und kriege einfach nicht raus, ob der Fisch das Schiff zieht, oder ob das Schiff den Fisch schiebt. Vielleicht kannst Du mir helfen, die Frage zu beantworten? Oder meinst Du am Ende, daß das jeder für sich selbst entscheiden muß?« (30. 4. 96) »... hast Du schon je auf einer einzigen Postkarte ein solches Durcheinander gesehen? (...) Ich glaube, der Maler hatte ein bißchen viel Phantasie.« (26. 9. 96)

Auf drei Postkarten soll sich Johnny von seiner Mutter weiterhelfen lassen. Sie soll ihm in einem Buch zeigen, was ein Regenbogen (13. 11. 92), ihm erklären, was ein Leuchtturm ist (13. 1. 93) und ein Blitzableiter (25. 3. 96). »Du siehst hier, wie der Blitz in ein hohes Haus einschlägt. (...) Die Mami wird Dir erklären, wie so ein Ding funktioniert. Und wenn sie es nicht weiß, dann soll sie Dich zu mir schicken.«

Die zweitletzte Karte (13. 10. 96), die Johnny erhält, stellt ihm eine nicht ganz einfach zu beantwortende Frage: »... gestern sitz ich im Auto in unserer Straße, und plötzlich fällt mir eine Kastanie auf den Kopf. Zuerst hab ich gedacht: So ein Mist, daß das Schiebedach offen ist, sonst hätt ich nichts abgekriegt! Dann hab ich gedacht: Ein Glück, daß das Dach offen ist, sonst wär die Beule jetzt nicht auf meinem Kopf, sondern im Schiebedach! Was ist denn nun richtig?« Und auf der letzten Karte vom 15. 1. 97, die Johnny von seinem Vater bekommt, fragt er ihn: »... hast Du eigentlich gewußt, daß es die Eisenbahn schon viel länger gibt als das Auto? Und das Auto länger als das Flugzeug? Und das Flugzeug länger als die Weltraumrakete? Länger als alle Autos gibt es aber die Schuhe. Mit denen kommt man einfach überall hin, Hauptsache man hat genug Zeit.«

Der pädagogische Duktus des Vaters überlässt dem Kind die Initiative, Dinge zu erkunden. Er gibt allenfalls Anregungen. Der Vater will ihm Wegbegleiter und Wegbereiter sein, er führt dem Kind die Welt vor als Ansichtssache. Er funktioniert wie ein Katalysator, der bei seinem Sohn einen Denkprozess in Gang bringen möchte, und sich selbst nicht in den Vordergrund spielt. Kein autoritäres Oberlehrergehabe ist da in den Karten zu finden. Er übermittelt Phänomene aus der Welt des Staunens und bedient den geistigen Reifegrad des Kindes. Johnny wird von Anfang an als Persönlichkeit wahrgenommen und soll die Phänomene selbst beurteilen, nicht der Vater an seiner Stelle. Er verfolgt darin ein großartiges, nicht zu unterschätzendes Anliegen: die Stärkung der Differenzierungsfähigkeit, um die Bildung eines freien Willens und eigener Anschauung zu fördern. Freiheit und Charakterfestigkeit sollen geschult werden. Der Vater erzieht seinen Sohn zu einem selbstbestimmten und somit selbstbewussten Subjekt. Sein aufklärerisches Ansinnen könnte dem Kant'schen Lehrsatz entsprungen sein, dass die Freiheit des Individuums auf dessen ausgebildeter Urteilskraft beruht. Von Anfang an beschließt er ganz viele Karten mit einer Fragestellung, die dem Empfänger eine Meinung abverlangt: »Was meinst Du?« »Stimmt's?« »Oder hast Du eine bessere Idee?« »Was findest Du – hat er recht?« »Kannst Du mir das erklären?« »Oder weißt Du das schon?« »In Ordnung?« »Ist das nicht komisch?« »Kannst Du das glauben?« »Ist das nicht zum Staunen?« »Was meinst Du – ist das gut oder schlecht?« »Oder wie siehst Du das?« »Aber darf der das?« »Ob der dafür Ärger kriegt?« »Was ist denn nun richtig?«

Der pädagogische Langmut lässt sich in schriftlicher, reflektierter Form leichter aufrechterhalten, als in der direkten Auseinandersetzung mit dem Kind. Der Vater konnte seinen Sohn durchaus in brüsker Weise korrigieren, wenn er der Ansicht war, dass Johnny die Geschichte, die er erzählen wollte, nicht konzentriert und überzeugend genug erzählte. Die Mutter kann davon ein Lied singen: »Auf einer Autofahrt konnte es beispielsweise passieren, dass Johnny eine Geschichte erzählte, und Jurek ihn streng und ungeduldig unterbrach: Also, so was Langweiliges habe ich selten gehört! Das dauert mir zu lang! oder Fang noch mal von vorne an! – Das Kind tat mir manchmal richtig Leid.« Lektionen, die fördern, indem sie fordern – ein Erziehungsmuster, das dem Vater aus seiner eigenen Jugend nicht fremd war.

Mäusespeck und Papperlapapi

Neben direkten Namensnennungen wie »lieber guter dicker alter Johnny«, »Johnny, mein Allerliebster« oder »mein lieber Lieber«, die eher rar gesät sind, spricht der Vater ihn an mit »Du lieber …«, »Du oller …«, »… alter …«, um erfindungsreiche Kosenamen anzuhängen. Lautmalerische Begriffe wie »Rumpelpumpel« oder »Katzenratz«, aber auch Johnnys Kultfiguren wie »Batman« oder »Detektiv« werden eingesetzt. Anfangs sind die Anreden noch einfach: »Bratklops«, »Mopsfrosch«, »Piepsmaus«, »Krokodil«, »Spiegelei«, »Wackelpudding«, »Pudelmütze«, »Tintenklecks«, »Nudelsuppe«, »Mäusespeck«, »Dudelsack«, »Wickelbaby«, »Quatschbubi«; doch sie geraten in immer verwegenere Zusammensetzungen: »Tomatengurke«, »Bananenei«, »Mäuseigel«, »Elefantenente«, »Honigtomate«, »Erdbeerradieschen«, »Fahrradeisenbahn«, »Aprikosenwurst«, »Hühnerprinz«, »Kaninchenfrosch«, »Radieschenfloh« und so fort. Natürlich sind diese Begriffe auf einen Menschen bezogen alle sehr komisch. Die skurrilen Wortverbindungen mit Obst- und Gemüsesorten haben allerdings auch einen pädagogischen Hintergrund. Johnnys Vater war sehr auf die Gesundheit seines Sohnes bedacht, der Obst und Gemüse ablehnte. Ihr heiterer Klang sollte darauf Appetit machen und die verschmähte Kost versüßen.

Wie ernsthaft er dieses Anliegen darüber hinaus verfolgte, erzählt Johnnys Mutter: »Ich erinnere mich, dass Jurek das Kind oft mit einem Obstteller durch die ganze Wohnung verfolgt hat. Er hat Teller angerichtet mit Banane, Mandarinenstückchen etcetera und damit rannte er dem Kind hinterher: ›Komm, mein Lieber! Komm, noch ein Happs! Komm!‹« Auch mit seinen lustigen Texten auf den Postkarten hat er versucht, die Attraktivität dieser Früchte auf heitere Weise zu steigern und sie dem Kind anzutragen. »… weißt Du, daß echte Bauern ganz viel Obst essen?«, fragt er ihn am 6. 10. 92. Am 15. 10. 93 schreibt er

Zeichnung von Johnny für seinen Vater, Anfang 1996

ihm, er habe gesehen, wie ein Junge den frisch gepressten Orangensaft, den seine Mutter ihm anbot, nicht habe trinken wollen. »Da hab ich gedacht: So dumm ist mein Johnny nicht, der trinkt den Saft, weil er genau weiß, daß man davon gesund bleibt.«

Auch wenn der Vater eine Postkarte an Johnny unterzeichnet, beweist er darin spielerische Sprachphantasie, wenn auch nicht so vielfältig wie bei den Anreden. Er variiert den bekannten Begriff »Papa«, moduliert ihn immer wieder neu: Dein – »einziger Papa«, »Pipspapi«, »Papperlapapi«, »Kitzelpapa«, »Johnnypapa«, »Bigibagabugupapa«, »Pappi«, »Papapi«, »Jurekpapa«, »Paps«, »Känguru-papa«, »Papipapa«, »Brummpapa«, »Affenpapa«, »Piratenpapa«, »Papa Jurek«, »Papa, der Dich schrecklich liebt«, »Papi der Sehnsucht ...«, »Bugupapi«.

Das Spiel mit dem Phantasiewort »Bugu« hat dabei seine eigene Geschichte. In jenem kinderfreundlichen Urlaub in Griechenland, den Johnny meistenteils auf dem Traktor verbrachte, hatte der Vater Urlaubsnamen für die Familie erfunden: Die Mutter hieß »Baga«, der Vater »Bugu« und der Sohn »Bigi«. Eine Art Geheimsprache, die zusammenschweißt und kleine Kinder besonders fasziniert. Auf den Postkarten nimmt er mitunter über die Namen Bezug auf diese idyllische Zeit, damit sie bei Johnny nicht in Vergessenheit gerät.

In dem Zeitraum, in dem Johnny die 127 Postkarten seines Vaters empfing, datiert vom 26. 8. 1992 bis zum 15. 1. 1997, konnte er dessen Handschrift noch nicht lesen. Seine Mutter, Christine Becker, hat ihm alle Karten vorgelesen und gezeigt. Sein Vater starb ein dreiviertel Jahr nach seiner Einschulung. Für Johnny sind diese Postkarten heute ein kleiner Schatz. Sie halten viele Momente seiner Kindheit lebendig und die Erinnerung an die Figuren, die ihn in jener Zeit begleitet haben, wach. Sein Vater, der sie mit so viel Zuneigung und Ausdauer für ihn ausgewählt, geschrieben und geschickt hat, immer um den innigen Kontakt zu ihm bemüht, hat ihm ein Selbstwertgefühl vermittelt, das Johnny einen guten Start ins Leben ermöglicht hat. Selbstbewusst, humorvoll, klug und freundlich ist er heute, ausgestattet mit der Fähigkeit präzise und stringent, lebendig und phantasievoll zu erzählen. Johnny ist traurig über den Tod seines Vaters, aber nicht untröstlich: »Mein Vater hat mich so viel geliebt, das reicht für mein ganzes Leben.«

»Große Tafel«, Zeichnung von Johnny, 1997

Sacher

… Dein Jurekpapa

Jurek Becker hat die Postkarten zwar datiert, aber nur in den seltensten Fällen den Ort angegeben, von dem aus er sie abgeschickt hat. Anhand der Briefmarken und der Poststempel kann dies lokalisiert werden, bis 1996 in Deutschland die Ortsangabe im Stempeldruck ersetzt wird durch die schnöde, ausdrucksarme Angabe »Briefzentrum«, die einem alltagskulturellen Verlust gleichkommt.

In Johnnys Postkartenkonvolut befinden sich nur drei Karten, die Ersatzmarken und Stempel aufweisen: Die eine Karte aus Indien, vom 29. 11. 93, zeigt eine selbst gemalte Briefmarke mit Kussmund und Stempel, auf dem »Papa-Söhnchen-Post« geschrieben steht, die andere, zu Johnnys sechstem Geburtstag, vom 23. Juni 1996, weist ebenso eine selbst gemalte Frankierung auf, sowie die Anschrift des Landhauses in Sieseby, und lässt darauf schließen, dass die Familie dort gemeinsam den Geburtstag des Jungen gefeiert hat. Die letzte Karte, vom 15. 1. 97, trägt eine kleine gestempelte Kinderpostbriefmarke, und stammt aus der Krankheitsphase seines Vaters, als er schon vermied, das Haus zu verlassen, was er zuvor leidenschaftlich gerne getan hatte. Am selben Tag, was durchaus nicht immer der Fall war, schrieb er auch eine Karte an seine Frau Christine: »… seit Tagen beschäftigt mich eine fundamentale Frage, deren Beantwortung von beinah existentieller Bedeutung ist. Man weiß: Wes Brot ich eß', des Lied ich sing. Das stimmt, das ist Marxismus, das haut voll rein. Nun esse ich also, wie Du weißt, seit einiger Zeit kein Brot mehr. Was jetzt?
Dein verunsicherter J
P. S. Wes Nudelsuppe ich eß', des Lied ich sing, klingt einfach zu blöd.«

Jurek Becker, der es mit seinen Romanen, angefangen mit »Jakob der Lügner« (1969) zu Weltruhm gebracht hatte, starb am 14. März 1997 mit 59 Jahren in Sieseby an Krebs.

Nach seiner Südamerika-Reise 1995 (26. 10. – 19. 11.) auf Einladung des Goethe-Instituts war die Erkrankung diagnostiziert worden. Er arbeitete gerade an den Drehbüchern zur fünften Staffel der beliebten Fernsehserie »Liebling Kreuzberg«, in der er seinem langjährigen Freund und Weggefährten Manfred Krug die Paraderolle des Anwaltes Liebling auf den Leib schrieb. Lange hatte er geglaubt, die Krankheit besiegen zu können. Jedes Mal, wenn er zur Chemotherapie für einen Tag ins Krankenhaus musste, hat Johnny ihm ein selbst gemaltes Bild zum Abschied geschenkt.

Der Autor Peter Schneider berichtet von seiner letzten Begegnung mit Jurek Becker im Januar 1997: »Über Sport sprachen wir nicht mehr bei jenem Treffen im Café am Olivaer Platz, aber vom Reisen. Er erzählte von seinem Plan für eine Traumreise: Auf einem Schiff mit seiner Frau Christine und dem kleinen Sohn Johnny den Nil herunterfahren, aus dem Schatten eines Sonnenschirms, also eher im Vorbeifahren als zu Fuß oder im Kamelsattel, die Wiege der Menschheit besichtigen, ab und zu eine Postkarte schreiben, in sehr guten, sehr teuren Hotels übernachten und nachts den Sternenhimmel betrachten.« [1]

Zu dieser Zeit hatte Jurek Becker bereits wieder ein neues Romanprojekt im Kopf. Die Postkarten, die der Schriftsteller nicht nur auf Reisen an seine Familie und Freunde verschickte, sondern später auch von zu Hause, sollten den Kontakt aufrechterhalten, ohne ihn wirklich aus dem Konzept zu bringen. Ein Schriftsteller ist in aller Regel einsam, wenn er zurückgezogen arbeitet und sich aus seiner schöpferischen Welt nicht herausreißen lassen will. Jedes Telefonat holt ihn von seiner Insel und zerrt ihn in die profane Wirklichkeit. Da er aber auch normale Beziehungen pflegen muss, freundschaftlicher und familiärer Art, hat sich für Jurek Becker die Form der Postkarte als die geeignete Möglichkeit erwiesen, Kontakt zu halten, ohne aus seiner kreativen Klausur herausgerissen zu werden. Er konnte

Zeichnung von Johnny für seinen Vater zu Weihnachten 1996

selbstbestimmt Pausen einlegen, um seine Lebenszeichen zu formulieren und damit zu zeigen, dass er die Außenwelt nicht völlig vergessen hatte. Beim Telefonieren verstricken sich die Partner in ein Gespräch, das für ein nahtloses Wiederabtauchen in die Welt der literarischen Konstruktion hinderlich sein kann. Im lebendigen Gespräch kann man überraschend mit Themen konfrontiert werden, die in der Schaffensphase ablenken. Die Postkarte ermöglicht ein Innehalten, ein Zuwinken aus größerer Entfernung, ein kurzes Aufschauen von der Arbeit, die Jurek Becker gefangen genommen hatte. Am 21.9.94 schreibt er an Johnny: »Du liebe Hühnerkastanie, wenn ich so sitze und arbeite, muß ich andauernd an Dich denken. Kannst Du mir erklären warum? Und kannst Du mir erklären, warum ich Dir andauernd Karten schreibe, obwohl ich Dir dasselbe auch sagen könnte?«

Liste des Herzens

Angefangen hatte Jurek Beckers Leidenschaft, ausgefallene Postkarten zu suchen und zu verschicken, mit seinen Freunden Ottilie und Manfred Krug. Später kamen seine erste Frau Rieke und ihre gemeinsamen Söhne Nikolaus (Nicki) und Leonard (Lonni) hinzu, seine zweite Ehefrau Christine und Johnny, die befreundete Schriftstellerin Irene Dische und ihr Mann, der Rechtsanwalt Nicolas Becker, sein alter Freund Helge Braune, der Maler Max Neumann mit seiner Freundin Sonja Kopp und der Lyriker Joachim Sartorius, jener erst drei Jahre vor Beckers Tod. Im Laufe der Jahre hatte sich der kleine Kreis der Empfänger, deren Adressen er in einem kleinen Verteiler immer bei sich trug, erweitert. In seinem Schreibtisch fanden sich nach seinem Tod noch drei Papiertüten mit ein paar schon zugeordneten Postkarten in Reserve. Die Tütchen sind jeweils beschriftet: »Johnny«, »Christine«, »Freunde«.

Auf seinen Reisen hatte Jurek Becker stets kleine Schulhefte bei sich, die er für Notizen gebrauchte. Darin hat er auch die Postkartentexte vorgeschrieben, um sie dann fein säuberlich, eventuell mit kleinen Korrekturen auf die Karten zu übertragen. Konzepttexte strich er durch, sobald er sie übernommen hatte. Um den Überblick zu behalten, führte er eine Strichliste darüber, wem er wie viele Karten geschrieben hatte. Zuhause benutzte der Schriftsteller meistens DinA 4-Schulhefte, in die er sowohl Entwürfe für Drehbücher oder Romane schrieb, aber auch die für seine Kartengrüße.

Zeichnung vom fünfjährigen Johnny, die sein Vater gerahmt in sein Arbeitszimmer hängte

Johnny und Christine Becker bekamen als die ihm am nächsten Stehenden besondere Anreden, die sich aber voneinander wieder unterschieden. Seine Frau redet er zum Beispiel an mit: Du (alter) – »Kostenvoranschlag«, »Betriebskostenpauschale«, »kleiner Umweg«, »stiller Teilhaber«, »Wetterumschwung«, »sonniger Nachmittag«, »Wettbewerbsverzerrung«, »Einreisebeschränkung«, »Beinahzusammenstoß«, »verzeihlicher Irrtum«, »undurchsichtiger Vorgang«, »verheerende Folge«, »milde Gabe«, »sprudelnde Quelle«, »gefundenes Fressen«, »fette Beute«, »heller Wahnsinn«. Auch diese erfindungsreichen Anreden hat er in seinem Notizbüchlein untereinander aufgelistet und ausgestrichen, nachdem er sie verwendet hatte. Sie unterscheiden sich zu denen von Johnny darin, dass sie ganz anderen Wortkategorien entstammen und feststehende Redewendungen oder Begriffe sind. Bei Johnny sind es Tiere, Berufe, Obst- und Gemüsesorten, die Jurek Becker zu lustigen Wortverbindungen kombiniert, die es so nicht gibt. Bei Christine sind die Anreden häufig einer pragmatischen, rationalen Begriffswelt entnommen, deren Übertragung auf die geliebte Frau sehr komisch klingt. Sie werden lyrisch und zum heiteren, vielsagenden Kosewort. Ihre Zauberkraft liegt nicht in dem Wort selbst, sondern in der ungewöhnlichen Übertragung auf einen Menschen, indem ein »Du« oder »Du alter« vorangestellt wird. Diese vertrauliche Anrede im Zusammenhang mit einem funktionalen Ausdruck verlebendigt diesen und schafft diese Poesie der Anspielung.

Die Bildmotive, die Johnny bekam, unterscheiden sich im Prinzip völlig von denen anderer Empfänger, da der Schreiber sie unter ganz anderen Aspekten ausgesucht hatte, obgleich sich das eine oder andere Kartenmotiv doppelt. Sie bekamen auf irgendeine Art komische Karten, mit unfreiwillig oder absichtlich witzigen Abbildungen. Oft waren darauf Menschen, manchmal auch Tiere in Konstellationen oder Situationen fotografiert, die skurril oder albern wirken und zum Lachen anregen. In diesen Sammlungen sind, was Motive und auch Texte anbelangt, mehr Dopplungen zu erwarten als in Johnnys Konvolut.

Der Absender legte sich einen Fundus von Karten zu, um immer eine zur Hand zu haben, wenn er schreiben wollte. Er stöberte überall nach geeigneten Karten, die er dann, wenn die Motive ihm gefielen, auf Vorrat kaufte. Seine Frau berichtet: »Jurek hat permanent Karten gekauft. Das war ein bisschen nervig auf Reisen, die wir gemeinsam gemacht haben. Ich musste in jedem Laden dabeistehen. Wo überhaupt nur Karten zu kriegen waren, stand er vor diesem Ständer und hat gedreht und gekuckt, immer das Augenmerk auf ganz bestimmte Karten. Für verschiedene Leute unterschiedliche Motive.«

Was der Autor anfänglich vielleicht als Stil- und Fingerübung begonnen hatte, entwickelte er in den achtziger Jahren zu einem eigenen literarischen Genre auf DinA 6-Format. Denn etwa zu dieser Zeit entdeckte Ottilie Krug ihr Faible für Postkarten und begann sie zu sammeln. Dies war für Jurek Becker der eigentliche Anlass, die mit ihm eng befreundeten Krugs damit zu beliefern. Das ist deutlich festzustellen anhand der zunehmenden Anzahl Karten, die er ihnen von da an geschickt hat, und die bereits veröffentlicht vorliegen.[2] Am 7.10.1985 beschwert sich Christine Becker auf einer Karte aus Tunesien: »Meine liebe Ottilie, Du ahnst nicht, wie oft ich schon Deine verdammte Postkartensammlung verflucht habe, denn sie kostet mich in jedem Urlaub die Hälfte von Jureks Aufmerksamkeit.« Jurek schreibt darunter: »Aber es lohnt sich doch immer wieder.« Und schließt mit dem Reim: »Jurek hat 'nen Sonnenbrand/vom vielen Stehn am Kartenstand.«[3] Was als Freundschaftsdienst begonnen hatte, entwickelte sich: Jurek Becker konnte schließlich jene Kunst der kleinen literarischen Form in dieser perfekten Manier entfalten, die beispielsweise Joachim Sartorius so lobte: »In diesen kleinen Karten, in der vorgegebenen komprimierten Form ist der ganze Jurek Becker da. Sein Witz, sein Charme, seine Lust am Erfinden und Erzählen von Geschichten, seine Klugheit, sein ungeheures Wachsein.«[4] Und Manfred Krug schreibt in seinem Vorwort zu dem Buch »Jurek Beckers Neuigkeiten an Manfred Krug & Otti«, dass er die Postkarten frecher und freier und aus dem Wortschatz seiner Alltagssprache geschrieben hat, weil ihm die Kritiker, die ihm nie gleichgültig genug waren, endlich gleichgültig sein konnten. »Denn durch die Adressaten, die keine Kunst von ihm erwarteten und keine erwarten durften, war er zum ersten Mal perfekt getarnt. Die meisten Stücke aus den letzten zehn Jahren sind nur scheinbar persönliche Postkarten. In Wahrheit sind es Kunstwerke.«[5]

Mit der gleichen Sorgfalt, mit der er seine Romane stets handschriftlich entwarf und korrigierte, behandelte Jurek Becker auch die Postkartentexte. Nur um die Romane ins Reine zu Schreiben, benutzte er einen Schreibcomputer. Das Schreiben seiner Drehbücher hingegen fiel ihm wesentlich leichter. Die Dialoge von »Liebling Kreuzberg« flogen ihm oft zu, und er schrieb sie manchmal sogar direkt in die Maschine, während im Hintergrund Jazzmusik lief. Alles andere formulierte er auf Konzept vor, korrigierte, überarbeitete beim handschriftlichen Abschreiben, bis es schließlich als Typoskript vorlag. Auch die Kartentexte entwarf er auf Konzept und übertrug sie in Schönschrift. Er nahm sie genauso ernst wie alles andere, was er schrieb.

Countdown der Sehnsucht

Jurek Becker war viel auf Lese- und Vortragsreisen in der Welt unterwegs, die häufig auf Einladung des Goethe-Instituts zustande kamen. Solche Reisen wurden oft eineinhalb bis zwei Jahre vorher geplant. Christine Becker erinnert sich: »Wenn der Abreisetag kam, mochte er manchmal nicht. Er verschwand dann für vier Wochen nach Indien oder Brasilien oder sonst wohin. Aber er hat es auch gern gemacht. Es war ihm schon wichtig, ab und zu vom Schreibtisch wegzukommen. Es war aufregend für ihn, mit Leuten zusammen zu sein, die ja meistens seine Leser waren. Das hat ihn natürlich interessiert: Wie reden die, was interessiert die, was fragen die mich vielleicht. Sonst weißt du gar nicht, für wen du eigentlich schreibst. Du musst sie dir ankucken, die Welt und die Leute – deine Leser.«

Der Vater lässt seinen Sohn nicht im Zweifel darüber, dass er ihn liebt und sich nach ihm sehnt. Vor allem, wenn die beiden getrennt sind, spart der Absender nicht mit liebevollen Herzensbekundungen. Seine baldige Heimkehr steigert sich manchmal bis zum Countdown, der die Vorfreude kultiviert: »... und bald, mein Liebster, bin ich wieder zu Hause.« (26. 8. 92) »... jetzt dauert es gar nicht mehr lange, bis ich wieder bei meinem guten alten Johnny bin.« (29. 9. 92) »... ich kann es gar nicht mehr erwarten, wieder zu Hause zu sein ...« (6. 10. 92); »... wenn ich bloß erst wieder zurück bin« (26. 10. 92); »... jetzt dauert es gar nicht mehr lange, bis der Papa wieder zu Hause ist« (12. 11. 92); »Aber wenn ich Dich in der nächsten Woche hole, wird alles anders. Laß Dir von der Mami erklären, wie wenig Tage es nur noch sind« (13. 1. 93); »... wenn die Mama Dir diese Karte vorliest, dann ist es nur noch ein Tag, bis Dein Papa kommt ...« (17. 1. 93); »Aber wenn die Mama Dir diese Karte vorliest, dauert es

© Jürgen v. F. Wille

Jurek Becker bei einer Lesung in der Buchhandlung Bittner, Köln 1996

genau noch fünf Tage, dann bin ich auch zu Hause« (6. 4. 93); »... in wenigen Tagen hast Du Geburtstag, aber schon vorher komme ich nach Hause« (18. 6. 93); »Deswegen komme ich ganz schnell zurück ...« (6. 12. 93); »... kaum bin ich einen Tag weg, schon halte ich es nicht mehr ohne Dich aus« (9. 10. 94); »Du fehlst mir sehr ...« (18. 2. 95)

Befand sich der Autor auf Reisen, machte er nicht nur seine baldige Rückkehr zum Thema, um die Vorfreude zu wecken. Neben dem Countdown der Sehnsucht, den der Schriftsteller ausschließlich an seinen Sohn adressierte, gibt es eine Reihe von Versprechungen, nach dem Motto: Wenn ich wieder da bin, dann machen wir dies und jenes oder überleg dir schon mal, was ich dir dann mitbringen soll. (Vgl. 29. 9. 92, 7. 10. 92)

Er schreibt am 6. 10. 92: »... ich kann es gar nicht mehr erwarten, wieder zu Hause zu sein, Dir einen Kuß zu geben, Dich zu drücken, Dich hochzuwerfen und mit Dir Eis essen zu gehen.« Oder am 9. 10. 92 aus Recklinghausen: »... endlich bin ich wieder bei Dir zu Hause. Die Reise hat viel zu lange gedauert – stimmt's? Wenn Du Lust hast, mein lieber Dicker, gehen wir morgen in den Zoo. Oder hast Du eine bessere Idee?« Am 11. 11. 92 schlägt er vor: »Wenn ich wieder zu Hause bin, gehen wir beide in ein großes warmes Schwimmbad. Dort kann man plitschen und platschen und rutschen und ratschen. Wollen wir die Mami mitnehmen?« Einen Tag später schreibt er: »... jetzt dauert es gar nicht mehr lange, bis der Papa wieder zu Hause ist. Daß wir dann in den Zoo gehen und ins Schwimmbad, das habe ich Dir schon gesagt. Weißt Du aber auch, daß wir beide zusammen einen großen Topf Hühnersuppe kochen werden?« Am 18. 2. 96: »... was hältst Du davon, in den nächsten Tagen ins Restaurant oben auf dem Funkturm zu gehen? Und wenn wir dann am Tisch sitzen und der Kellner uns fragt, was wir wollen, sagst Du: Radiescheneis! Und wenn der Kellner sagt, daß es das nicht gibt, dann bestellen wir eben Vanilleeis. Okay?«

Die Ehefrau kommentiert: »Unter uns gesagt: Das alles haben sie so gut wie nie gemacht. Also im Zoo war er mit Johnny vielleicht ein einziges Mal. Er hat das immer in den tollsten Farben ausgemalt: Wenn ich wiederkomme, was wir dann alles machen! Johnny hat das nie eingefordert. Das war gar nicht wichtig. Jurek hat in dem Augenblick wirklich daran geglaubt, er dachte, wenn ich den Kerl wieder habe, dann ... Und dann war er da und nach ein paar Tagen ..., es wurde nie eingelöst. Er war eben Schriftsteller, einer, der lieber über die Dinge schreibt, als sie zu erleben. Und das ist tatsächlich typisch für Jurek. Er hat sich sehr sehr gern mit der Beschreibung von Dingen beschäftigt, das ging ihm oft über die Realisierung. Ich hab oft erlebt, dass er gesagt hat: Ich lese lieber die Beschreibung von etwas Phantastischem, als dass ich die Situation miterlebe. So auch beim Kartenschreiben.«

Auf Reisen konnte der Schriftsteller oft stundenlang in einem Café sitzen und seinen Verteiler abarbeiten. An den Daten seiner Entwürfe ist abzulesen, dass er häufig mehrere Karten hintereinander geschrieben hat. Immer, wenn der Autor abwesend war, was er auch zu Hause sein konnte, wenn er in seinem von der Umwelt abgeschotteten Arbeitszimmer saß und sich in seiner fiktiven Welt bewegte, verschickte er seine dichterischen Lebenszeichen in die Alltagswelt der Familie und Freunde – vielleicht auch, um nicht unterzugehen in der Fiktion, die ihn besetzt hatte. Üblicherweise werden Karten über räumliche Distanzen gesendet. Der Autor distanziert sich von seiner realen Umgebung nicht nur durch die geschlossene Tür seines Arbeitszimmers, sondern auch durch seine Arbeit: »Die meisten Zeilen machen Mühe. Die meisten Zeilen sind nicht genial. Ich komme nicht aus dem Staunen heraus, was für ein weiter Weg es ist, von dem Satz, der in meinem Kopf ist, bis zu dem Satz, der auf dem Papier steht. Und diesen Weg zu überbrücken, das ist ein wichtiger Teil dieses Berufes.«[6]
Bei Johnny war die Funktion der Postkarten ursprünglich eine andere als bei den Freunden, erzählt Christine Becker: »Bei Johnny spielte am Anfang eine riesige Rolle, dass Jurek immer befürchtete, dass sein Kontakt zu Johnny dünner wird. Bei einem kleinen Kind ist das auch so. Von mir selbst ist überliefert: Ich war, glaube ich, zwei oder zweieinhalb, als meine Eltern für vier Wochen weggefahren sind. Ich bin zu einer Freundin der Eltern gekommen. Nach vier Wochen kommt meine Mutter durch den Garten und will mich holen. Und ich sag: ›Noch 'ne Mami!‹ Dieses Problem hatte Jurek

© Renate von Mangoldt

Jurek Becker im Literarischen Colloquium, Berlin 1990

auch: Alles was er bei diesem drei Monate alten Kind angelegt hatte, war weg, als er wiederkam. Und so suchte er eben diesen Weg: Als der Junge zwei Jahre alt war, hat er sich einfallen lassen, mit ihm durch die Postkarten Händchen zu halten. Das war eine Möglichkeit, sich in Erinnerung zu rufen: Kuckuck, hier bin ich noch! Er hätte befürchten müssen, dass das Kind ihn vergisst. In einem Kinderalltag ist so viel los, dass es an seinen Vater sonst nicht denken würde.«

Jurek Becker hatte darum gebeten, dass ihm seine Postkarten an Johnny auf den Schreibtisch gelegt werden, nachdem die Mutter sie ihm gezeigt und vorgelesen hatte. Der Autor hatte dafür ein Album angelegt, die Karten in Hüllen geschoben, beschriftet und aufbewahrt. Johnny hatte nicht das Gefühl, die Karten zu besitzen, denn sie waren gleich nach ihrer Ankunft wieder verschwunden. Seiner Frau Christine hatte Jurek Becker für seine Herzenspost eigens eine antike Holzkassette geschenkt. Da sie ihre erhaltenen Karten aber oft irgendwo in der Wohnung liegen ließ, hat der Schriftsteller sie dann schließlich selbst in die Kassette sortiert. Gelegentlich las er Freunden, die zu Besuch waren, auch einige Karten an seine Frau zum allseitigen Vergnügen vor. Sie waren für ihn selbst von Bedeutung, waren Bestandteil seines literarischen Werks, ganz gleich ob Roman oder Minierzählung auf Postkartenformat.

Zum Glück gezwungen

»Ich will um die Bedeutung meines Arbeitszimmers nicht zuviel Brimborium machen. Das Allerwichtigste ist, daß ich dort in Ruhe gelassen werde. Daß dort eine Tür zugeht, die kaum jemand zu öffnen wagt.« [7] Der Unruhefaktor Kind musste in der Regel fern gehalten werden, ebenso wie unwichtige Telefonate oder Lärm. Jurek Becker, der mit seiner ersten Frau Rieke schon zwei Söhne hatte, war in diesem Punkt nicht unerfahren. Als Nicki und Lonni klein waren, arbeitete er als Drehbuchautor, und es war noch ein ganzes Stück Weg zum erfolgreichen Schriftsteller, der bedeutende Romane verfasste. Er war dabei, seinen Weg zu suchen, war ambitioniert, um seine literarische Karriere bemüht und abgelenkt durch politische Querelen in der DDR. Seine Frau Rieke musste, entsprechend der gängigen Rollenverteilung, die Kinder von ihm fern halten, wenn er arbeitete. Damals war er jung und noch nicht sicher in Bezug auf seine gesellschaftliche Stellung, auf seine Fähigkeiten. Der

Jurek Beckers Söhne Lonni und Nicki mit Johnny auf dem Arm in Sieseby, 1991.

Jurek Becker und sein Sohn Johnny, 1991

Existenzkampf beeinträchtigte auf Dauer das Familienglück.

Der Entschluss, in seiner zweiten Ehe so spät nochmals Vater zu werden, ist Jurek Becker nicht leicht gefallen: »Oh, ich habe mich gesträubt wie ein Wahnsinniger, ich habe die Hölle auf mich zukommen sehen. Ich wußte ja, daß der liebe Gott sich das nicht so vorgestellt hat, daß er die Sache mit dem sogenannten Nervenkostüm auf eine bestimmte Weise eingerichtet hat – aber ich bin gezwungen worden. Meine Frau hätte mich sonst nicht geheiratet, so ist das eben. Mir ist eine durchgeladene Pistole auf die Brust gesetzt worden, und in solchen Momenten hat man keine große Wahl, als zu seinem Glück gezwungen zu werden. (...) Uns beiden, also meiner Frau und mir, ist klargeworden, daß dieses Kind alles andere als eine Mühe ist, es ist eher ein Öfchen, an dem wir uns dauernd wärmen, das ist eine tolle Geschichte in unserem Leben.«[8]

Als Johnny zur Welt kam, war Jurek Becker als Autor etabliert. Vom Alter her hätte er Johnnys Großvater sein können. Er war berühmt geworden und gelassener, die DDR war untergegangen, und er lebte schon lange im Westen: »Es ist, wie es ist, und über das Unabänderliche zu jammern, ist nicht sehr sinnvoll. Meine erwachsenen Jungs hatten altersgemäß einen Vater, wie es sich gehört, und die haben nicht viel von mir gehabt. Und der Kleine hat einen viel älteren Vater, als sich eigentlich gehört, aber er hat eine Menge von mir. Das ist eine ausgleichende Gerechtigkeit. Dafür wird er vielleicht nicht so lange was von mir haben. Aber wo gibt es die Situation, in der man von allem so viel hat, wie man möchte.«[9] »Großväterliche« Fürsorge und Milde, aber auch die Reflektion der Vergangenheit haben Jurek Becker zu einem anderen Vater gemacht. »Erstens ist so ein Kind ein totales Antidepressivum. Zweitens, und das ist nicht nur lustig: Ich habe zwei erwachsene Söhne von fünfunddreißig und zweiunddreißig Jahren; mein jüngster Sohn ist jetzt sechs. Und seit ich diesen kleinen Sohn habe, habe ich das Gefühl, daß die beiden anderen hinter meinem Rücken aufgewachsen sind – ich habe es nie so richtig wahrgenommen. Jetzt weiß ich mehr darüber. Das tut mir im nachhinein leid, ich kann es aber nicht ändern. Wissen Sie, wenn ich damals – ich spreche jetzt von der Zeit vor dreißig Jahren –, wenn ich damals schrieb und die beiden wären in mein Arbeitszimmer gekommen, hätte ich sie selbstverständlich rausgeschmissen – ist doch klar, Papa muß schreiben. Da braucht es kein besseres Motiv. Wenn heute mein Sohn mich beim Arbeiten stört, habe ich eine Hemmung, ihn rauszuschmeißen. Dann denke ich: Einmal ist er sechzehn, und du hast es gar nicht gemerkt. Das heißt, ich bin geduldiger mit ihm und neugieriger, als ich es früher war – und nicht so sehr aus philantropischen Gründen, weil ich beschlossen habe, ein netter Papa zu sein, sondern da ist schon auch Egoismus dabei. Ich habe was davon, es macht mir Spaß. Und dann merke ich, wie die alten Zausel in meinem Alter mich beneiden, das macht auch Spaß.«[10]

Inzwischen hatte er auch die Möglichkeit, sich zur schriftstellerischen Einkehr in das Siesebyer Landhaus zurückzuziehen, während Mutter und Kind in Berlin blieben. Jurek Becker hatte großen Wert darauf gelegt, dass sich dieses Haus in einer Umgebung befindet, die für seine Arbeit förderlich war. »Wir haben gedacht, es wär doch schön, irgendwo außerhalb Berlins ein Haus zu haben«, sagt seine Frau Christine. »Ich wollte natürlich Italien oder Frankreich, aber Jurek hat gesagt, das kannst du dir gleich abschminken, ich bin ein deutschsprachiger Schriftsteller. Ich habe mühsam Deutsch gelernt, ich werde mich auf keinen Fall in eine fremdsprachige Umgebung begeben, wo ich schon morgens beim Bäcker französisch radebrechen muss, das kommt nicht in Frage, es muss Deutschland sein. Er hat gesagt, auf keinen Fall Süden, nicht Bayern, nicht Schwaben, also konnte man nur in den Norden ausweichen. Jedenfalls hat Jurek dann einen Narren an dieser Ecke ganz da oben gefressen, kurz vor Dänemark, wo alles zu Ende ist. Da gibt es keine Industrie, nichts mehr, da wohnen auch nur noch ein paar Leute.«

Fuhr seine Familie mit den Großeltern nach Port Grimaud, bei Saint-Tropez, zog Jurek Becker es vor, zu Hause zu bleiben. (Vgl. 10. 6. 94 und 5. 6. 95) Nur einmal hat er sie dort hin begleitet. Aus Sieseby, schreibt er Johnny am 6. 8. 95: »Du altes Mauseloch, meine Güte, ist das den ganzen Tag still hier im Haus! Keiner heult, weil er sich gestoßen hat, keiner hört ›ein Bett im Kornfeld‹ oder Michael Jackson, keiner ruft ›Papi!‹ und keiner kommt in mein Zimmer und fragt, ob ich mit ihm spiele. Ich kann Dir sagen – sooo gut ist das auch wieder nicht.«

In die Welt gefallen

Jurek Beckers Sprachspiele mit Johnny, die kleinen Geschichten, die er für ihn erfindet, und die heiter changieren zwischen Realität und Fiktion, lehren das Kind, sich in diesem Grenzgebiet zu bewegen. Das späte Vaterglück ermöglicht eine bewusste Hinwendung zu diesem Sohn, der er nun selbst nicht mehr im Weg stand. Aber mehr noch: Während er dieses Kind bewusst aufwachsen sah, näherte er sich seiner eigenen Kindheit wieder an, jenem schwarzen Loch, an das er sich nicht zu erinnern vermochte: »Als ich zwei Jahre alt war, kam ich in dieses Ghetto, mit fünf verließ ich es wieder in Richtung Lager. Ich kann mich an nichts erinnern. So hat man es mir erzählt, so steht es in meinen Papieren, so war folglich meine Kindheit. Manchmal denke ich: Schade, daß dort nicht etwas anderes steht.« So schreibt er 51 Jahre später in seinem Text zu einer Fotoausstellung über das Ghetto von Łódź, »Die unsichtbare Stadt«, in der er mit Bildern aus dieser finsteren Zeit konfrontiert wurde.[11]

Er betrachtet den sechsjährigen Johnny und weiß, dass er selbst in diesem Alter wegen seiner jüdischen Abstammung aus dem Ghetto Łódź mit seiner Mutter in das Konzentrationslager Ravensbrück überführt und später von dort nach Sachsenhausen getrieben wurde. Kurz nach der Befreiung durch die Rote Armee starb seine Mutter Anette Bekker an Hunger und Entkräftung, weil sie, wie eine Mitgefangene später Jurek Becker mitteilte, ihre karge Essensration ihm überlassen hatte. Mieczysław Bekker, sein Vater, hatte Ausschwitz überlebt und suchte seine Familie. Er konnte nur noch seinen kranken, unterernährten Sohn im provisorischen Krankenhaus von Sachsenhausen ausfindig machen. Der Achtjährige sprach damals Polnisch auf dem Niveau eines Vierjährigen.

»Wissen Sie, ich war irgendwie Kaspar Hauser, ich war in diese Welt gefallen mit acht Jahren. Und keiner hat mir erzählt, was ich für einer bin und was mit mir los ist und wo ich herkomme. Und sicher ist ›Jakob‹ in dem Sinne der Versuch des Hauchs einer Autobiographie:

Jurek Becker mit fast neun Jahren, Sommer 1946

Ich wollte etwas genauer wissen. Was das Ghetto für ein Ding ist, das wußte ich nach dem Buch natürlich viel besser als vorher. Vorher war es für mich ein unheimliches, bedrohliches schwarzes Ding in meinem Kopf. Und ich habe mich solange damit beschäftigt, bis das etwas geworden ist, wo Leute drin gewohnt haben, von denen mit Bestimmtheit ich einer war. Ich weiß wirklich nicht, welcher. Ich habe mal geschrieben: Wenn du nicht weißt, wo du herkommst, ist es ein wenig so, als ob du ein Leben lang mit einem Rucksack rumläufst, mit einem Sack auf dem Rücken, ohne zu wissen, was da drin ist. – Das ist ein sehr unangenehmer Zustand – die Bemühung rauszukriegen, was in diesem verfluchten Sack drin ist, den ich da auf dem Rücken habe.« [12]

Jurek Beckers eigene Sprachsozialisation war konfus und durch die nationalsozialistische Gewaltherrschaft beeinträchtigt. Die Muttersprache seiner Eltern war Jiddisch gewesen, aber sie hatten sich seit Jureks Geburt 1937 bemüht, Polnisch zu sprechen, damit er in dieser Gesellschaft als Jude weniger auffiel. Die Sprache passte sich den jeweiligen Gewaltverhältnissen an. Im Ghetto wurde Jiddisch gesprochen, im Lager die »Lagersprache«. »Die Kinder mussten neue Verhaltensmuster erlernen und eine neue Sprache; die subtile Sprache des Todes, die des Ghettos und der Lager.« [13]

Am Anfang stand also das Schweigen, nicht das Wort, schon gar nicht ein freies Reden. Ein spielerisch daherplapperndes unbefangenes Artikulieren, mit dem Kinder sonst zu ihrer Sprache finden, ließen die grausamen Verhältnisse in Jurek Beckers früher Kindheit nicht zu. Bevor er richtig sprechen lernen konnte, lernte er zwangsläufig zu begreifen, dass in der Hölle, in der er sich befand, zweierlei Sprachen vorherrschten. Eine, die das Regiment führte, laut und brüllend daherstampfte, sich in Schreien und Befehlen Gehör verschaffte und auch bei näherem Hinhören, zu dem in Gefahr und größter Not nur wenig Zeit blieb, nur als rudimentäre Klangfetzen vernehmbar war – mehr Zeichen als Begriff, die nichts als drohende Gefahr signalisierten. Die andere Sprache, das genaue Gegenteil: Geflüstert, getuschelt und genuschelt war sie Ausdruck der Verängstigung und auf das Notwendigste reduziert, ihrem einstigen Reichtum restlos entkleidet. Beide Sprachen, verstümmelt und in ihrem Code retardiert, dienten dazu, das nackte Überleben zu sichern. Jurek Becker erzählt: »Diese Kindheit dort im Ghetto und im Lager – es gab nicht so was wie, sagen wir mal, ein intellektuelles Hin und Her, was Kinder brauchen, während des Aufwachsens und was sie helle macht. Ich hab – was weiß ich – graue Wände angestarrt. Das Spannendste in meinem Leben war, eine Mohrrübe zu kriegen oder so. Verstehen Sie? Da gab es kein Spielen, da gab es kaum ein Unterhalten.« [14]

Aufgegriffen von der Sprache

Erst im Januar 1946 konnte der Vater seinen achtjährigen Sohn zu sich nehmen, der solange im provisorischen Krankenhaus in Sachsenhausen und kurzzeitig im Kinderheim der Jüdischen Gemeinde in Berlin gewesen war. Sein Gesundheitszustand blieb labil. Erst jetzt konnten die beiden wieder eine Beziehung zueinander aufbauen. In der schweren Folgezeit, in der die befreiten Juden von den Alliierten oft als staatenlose Flüchtlinge eingestuft wurden, entschloss sich Mieczysław Bekker zu einem damals eher ungewöhnlichen Schritt: Um als »Displaced Person« nicht in neuerliche

Jurek Becker, ca. 1946

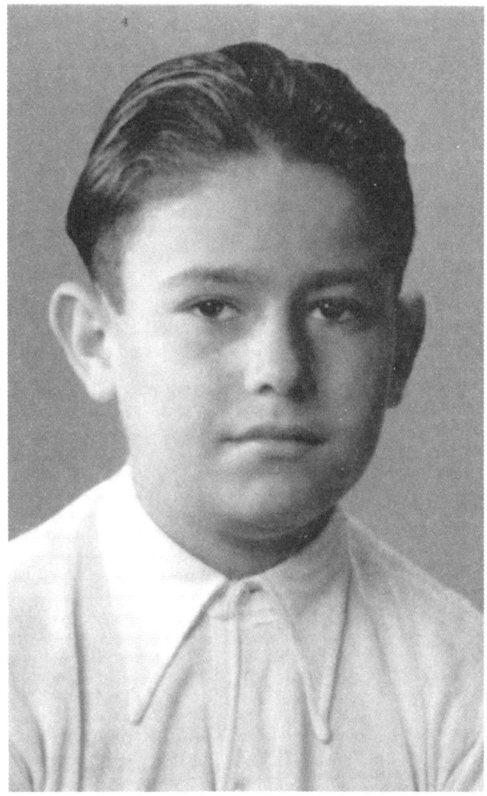

Jurek Becker, etwa 11 Jahre alt

Gefahrenzonen verschickt zu werden, als Jude in das von den Sowjets kontrollierte Polen etwa, gab er an, unter dem Namen Max Becker in Fürth geboren zu sein. Zudem machte er sich um sechs Jahre jünger und löschte damit die im Ghetto und im Lager verbrachten verlorenen Jahre aus seiner Vita. Es gelang ihm, sich mit seinem Sohn Jerzy (Jurek), in dessen Ausweispapiere nun der Rufname Georg und die Nationalität deutsch eingetragen wurde, und dessen Geburtsdatum er auf den 30. 9. 1937 festlegte, in Berlin niederzulassen. Jurek Becker vermutete, dass sein Vater nach Berlin kam, weil er sich dort befand. »Einmal, erinnere ich mich, hat er gesagt, warum soll ich nicht in Berlin bleiben, wenn es einem nirgendwo gefällt, dann kann man auch da bleiben, wo man ist. Einmal, als ich ihn fragte, warum er nicht nach Polen zurückgegangen ist, sondern in Deutschland geblieben, hat er gesagt, überlege selbst: Wer hat den Krieg verloren, die deutschen Antisemiten oder die polnischen Antisemiten. Guter Grund nicht nach Polen zu gehen. Ich hab natürlich auch darüber nachgedacht, warum er hier geblieben ist. Die wahrscheinlichste Erklärung, die mir einfällt, ist: Er war zu müde, um sich groß zu

Jurek Becker mit seinem ersten Fahrrad, ca. 12 Jahre alt

Zeichnung von Johnny für seinen Vater zum 58. Geburtstag

bewegen.«[15] Vater und Sohn bezogen eine gemeinsame Wohnung im Ostsektor der zerstörten ehemaligen Reichshauptstadt. Dem Tode entronnen entwarf der Vater das neue Leben, abgekoppelt von der Vergangenheit.

Max Becker versuchte, die frühen Entbehrungen seines Kindes mit allen ihm gebotenen Möglichkeiten zu kompensieren. Der über Schwarzmarktgeschäfte und später über Interzonenhandel (ab 1953) zu relativem Wohlstand gekommene Vater kaufte Jurek bald ein Fahrrad, das der Junge durch den Kiez schob, weil es noch viel zu groß für ihn war. 1948 bekam er als Belohnung für seine Versetzung in die nächste Schulklasse ein Radio.[16] Beide begeisterten sich für Sport, insbesondere für Fußball. Mit den besten Lebensmitteln, die er beschaffen konnte, päppelte ihn sein Vater zu einem pummeligen Jungen auf, der immer Taschengeld zur Verfügung hatte. Zu Hause stand ein Klavier, und Jurek besaß einen teuren Fotoapparat mit Teleobjektiv und sogar eine Schreibmaschine.[17] Dem Jungen sollte es nun an nichts mehr fehlen. Besonderes Augenmerk richtete Max Becker allerdings auf Jureks Spracherziehung. Von einem Tag zum anderen hörte sein Vater auf, mit seinem Sohn Polnisch zu sprechen. Deutscher zu sein, hieß auch Deutsch zu sprechen. »Er ging davon aus, dass Jurek in der Lage wäre, augenblicklich Deutsch zu lernen. Doch Jurek vergaß das Polnische rascher, als er die neue Sprache erlernte. Eine Zeitlang lebte er buchstäblich zwischen den Sprachen. Mit dem Polnischen verschwand auch die Assoziation des Deutschen mit der Lagersprache. Sprache und Erinnerung gingen gleichzeitig verloren. (...) Deutsch war für Jurek eine ›Vatersprache‹. Max Becker brachte ihm das Lesen und Schreiben in einer Sprache bei, die er selbst nicht wirklich beherrschte. Sein Akzent hat ihn immer verraten. Für ihn war Jiddisch ›schlechtes Deutsch‹, und Polnisch war die Sprache der Antisemiten.«[18]

Jurek alias Georg ist bereits neun Jahre alt, als er 1946 zum ersten Mal die Schule besucht: »Vorerst hatte ich damit zu tun, die deutsche Sprache zu erlernen, was mir mit der Zeit wohl gelungen ist, anfangs ging das aber auf Kosten der anderen Lernfächer«, gibt er später in einem Lebenslauf zu Protokoll, den er zur Aufnahme in den Schriftstellerverband 1967 einreichte.[19] Der Umstand, erst sehr spät schreiben und lesen lernen zu dürfen, hat Jurek Beckers besonderes Verhältnis zur Sprache, zum bedächtigen, kunstvoll abwägenden und um Präzision bemühten Umgang mit Worten und Begriffen, die ihn als Autor kennzeichnen, wohl entscheidend geprägt. Gefördert wurde er diesbezüglich auch von seinem Vater, der ihn gezielt an Weltliteratur heranführte, auch an solche, die nicht im realsozialistischen Literaturkanon geduldet wurde. Jurek Becker musste gleichsam von der Sprache erst einmal aufgegriffen werden, so wie er von einem ihm fremden Vater gefunden wurde, dem er sich erst mühsam annähern konnte. »Mein Vater hatte nie einen Kinderbonus bereit für mich. Er war zwar unendlich geduldig, aber wenn ich ein Gedicht geschrieben hab, hat er gesagt: Das soll ein Gedicht sein? Wenn andere Eltern sagten: Oh, wunderschön, erzähl uns das noch einmal! – Wie lange willst du mir damit auf die Nerven gehen? hat er gesagt. Und da ich ja das Ohr meines Vaters und seine Bewunderung wollte, mußte ich an der Art meiner Mitteilung feilen. Ich mußte sehr früh anfangen zu überlegen, was erzählst du ihm, und wie erzählst du es ihm, damit es ihn interessiert. Und möglicherweise – also das war – rückwirkend kann ich nicht sagen, daß er sehr angenehm war. Aber vielleicht war das für einen, der später mal Schriftsteller geworden ist, ein heißes Training. Ein intensives Höhentraining.« [20]

Dichterisch fand der Unbehauste so doch noch ein Haus in der Sprache. Der Junge ohne Vaterland und ohne Muttersprache, die ihm nicht »kinderleicht« von Kindesbeinen an zugeflogen ist, entwickelte eine starke emotionale Bindung an das Deutsche, die er selbst später einmal als »Perversion« bezeichnete. Eine »Perversion«, die deutsch-deutsche Literaturgeschichte schrieb.

1 Peter Schneider, Jurek im Café; in: »Wenn ich auf mein bisheriges zurückblicke, dann muß ich leider sagen.« Jurek Becker 1937–1997. Dokumente zu Leben und Werk aus dem Jurek-Becker-Archiv, zusammengest. und hrsg. v. Karin Kiwus, Akademie der Künste, Berlin 2002, S. 172.
2 Jurek Beckers Neuigkeiten an Manfred Krug & Otti, München 1997.
3 Ebd., S. 48.
4 Vgl. »Grabrede für Jurek Becker«, in: »Wenn ich auf mein bisheriges zurückblicke, dann muß ich leider sagen.« A. a. O., S. 232.
5 Jurek Beckers Neuigkeiten an Manfred Krug & Otti, A. a. O., S. 6 f.
6 Herlinde Koelbl, Im Schreiben zu Haus. Wie Schriftsteller zu Werke gehen. Fotografien und Gespräche, München 1998, S. 18.
7 Ebd.
8 Ebd., S. 19.
9 Ebd.
10 Ebd.
11 Vgl.: »Wenn ich auf mein bisheriges zurückblicke, dann muß ich leider sagen.« A. a. O., S. 11.
12 Herlinde Koelbl, Im Schreiben zu Haus. A. a. O., S. 17.
13 Sander L. Gilman, Jurek Becker. Eine Biographie, Berlin/München 2002, S. 33.
14 »Was heißt hier Liebling?« – Jurek Becker. Ein Film von Ines Jakob, WDR 1996.
15 Ebd.
16 Vgl. Sander L. Gilman, Jurek Becker. A. a. O., S. 46 und S. 48.
17 Ebd., S. 54 f.
18 Ebd., S. 47.
19 Vgl.: »Wenn ich auf mein bisheriges zurückblicke, dann muß ich leider sagen.« A. a. O., S. 21.
20 »Was heißt hier Liebling?« – Jurek Becker. A. a. O.

Lieber guter dicker alter Johnny,

stell Dir vor – ich habe hier in Brasilien Babar getroffen. Wir haben zusammen Tee getrunken, und ich habe ihm von Dir erzählt. Er wollte wissen, ob Du Dir gerne sein Buch ansiehst, und ich habe geantwortet: Na klar! Da hat er gelächelt und gesagt, ich soll Dich von ihm grüßen. Und ich küsse Dich mitten auf den Bauch, und bald, mein Liebster, bin ich wieder zu Hause.
Dein Papa

Johnny, mein
Allerliebster,

heute habe ich schon wieder den Babar getroffen. Er hat gefragt: Knitzpatzpotz – warum ist denn der Johnny nicht hier? Ich habe geantwortet: Du lieber Himmel, der Johnny ist doch kein Koffer, den man überallhin mitnimmt! Ich glaube, das hat der Babar eingesehen.
Viele viele Piekser,
Dein Papa

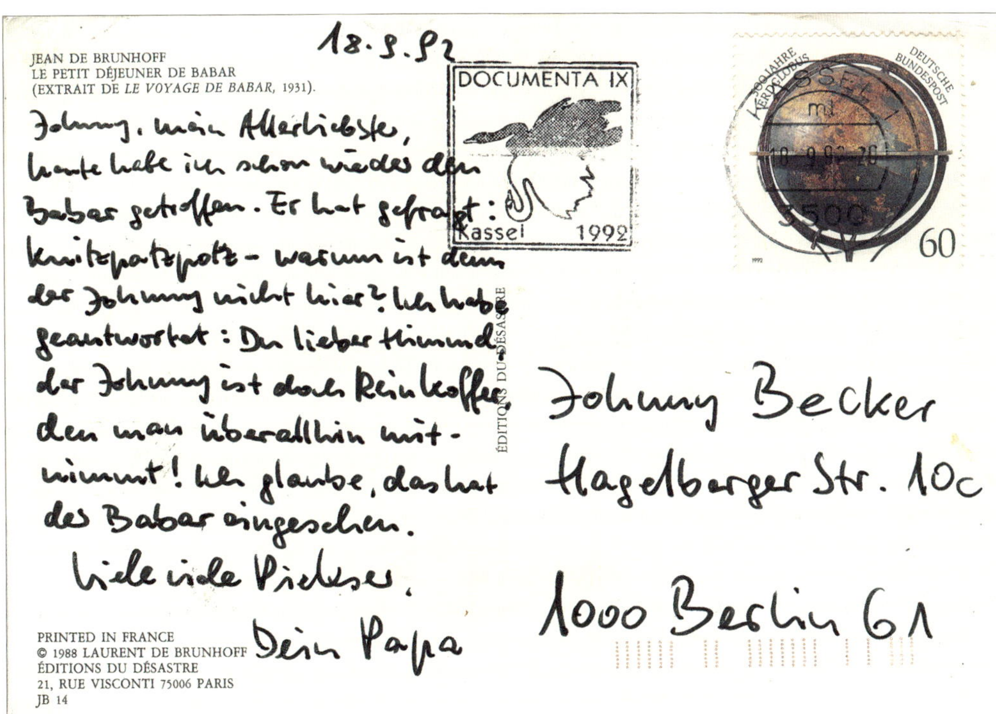

JEAN DE BRUNHOFF
LE PETIT DÉJEUNER DE BABAR
(EXTRAIT DE *LE VOYAGE DE BABAR*, 1931).

18.9.92

Johnny, mein Allerliebster,
heute habe ich schon wieder den
Babar getroffen. Er hat gefragt:
Knitzpatzpotz – warum ist denn
der Johnny nicht hier? Ich habe
geantwortet: Du lieber Himmel
der Johnny ist doch kein Koffer,
den man überallhin mit-
nimmt! Ich glaube, das hat
der Babar eingesehen.
Viele viele Piekser.
Dein Papa

Johnny Becker
Hagelberger Str. 10c
1000 Berlin 61

Mein lieber
guter Johnny,

vorhin habe ich einen echten Bauern auf einem Quacktor gesehen – Quatsch! auf einem Klacktor – wieder Quatsch, ich fange nochmal an: Vorhin habe ich einen echten Bauern auf einem TRAKTOR gesehen. Der hat mich gefragt, wie es dem Johnny geht. Ich hab gesagt, dem geht es prima, der kommt bald wieder nach Sieseby, dann besuchen wir Sie und fahren zusammen Traktor. Und ich habe gesagt, auf Wiedersehen, Herr Sumsebum.
Tschüs, mein lieber
Bratklops

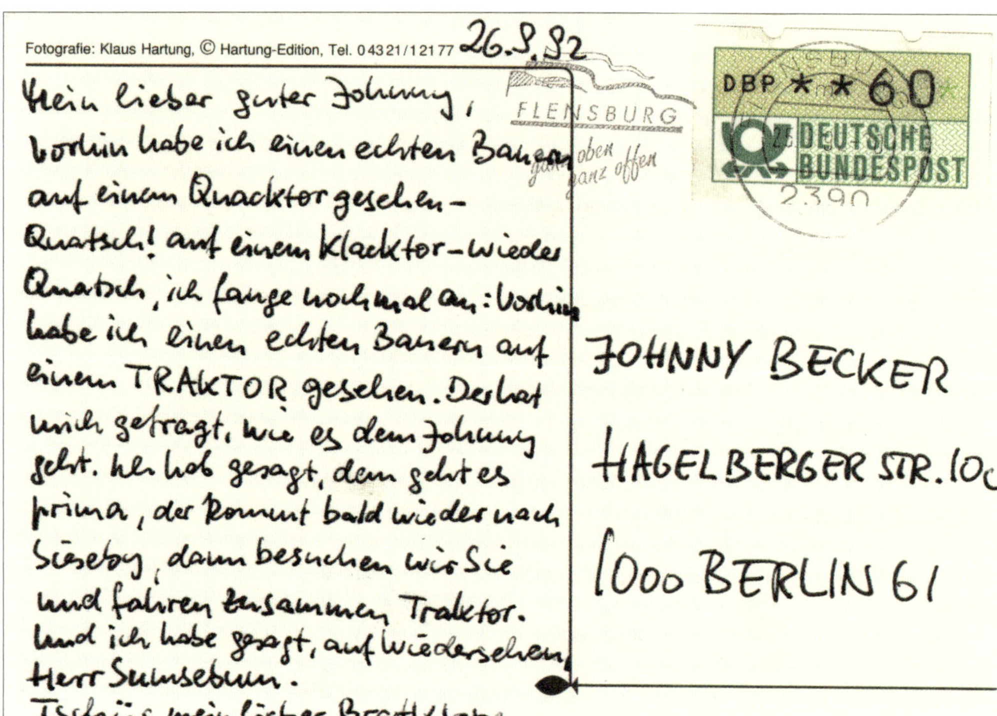
Fotografie: Klaus Hartung, © Hartung-Edition, Tel. 04321/12177 26.8.82
FLENSBURG
ganz oben ganz offen
DBP ★★60
DEUTSCHE BUNDESPOST
2390

Mein lieber guter Johnny,
vorhin habe ich einen echten Bauern
auf einem Quacktor gesehen –
Quatsch! auf einem Klacktor – wieder
Quatsch, ich fange nochmal an: Vorhin
habe ich einen echten Bauern auf
einem TRAKTOR gesehen. Der hat
mich gefragt, wie es dem Johnny
geht. Ich hab gesagt, dem geht es
prima, der kommt bald wieder nach
Sieseby, dann besuchen wir Sie
und fahren zusammen Traktor.
Und ich habe gesagt, auf Wiedersehen,
Herr Sumsebum.
Tschüs, mein lieber Bratklops

JOHNNY BECKER
HAGELBERGER STR. 10c
1000 BERLIN 61

Du lieber Bratklops,

jetzt dauert es gar nicht mehr lange, bis ich wieder bei meinem guten alten Johnny bin. Soll ich Dir etwas mitbringen. Denk gut nach, was Du haben willst, dann rufe ich an, und Du sagst mir ins Telefon, was der olle Papa Dir kaufen soll.
Pieks und Pax und Tschüs Dein Papa

Du lieber Mopsfrosch,

die Mami hat mir erzählt, daß Du immer so früh aufstehst. Wie wär's, wenn Du dann ganz leise spielst, damit Mami weiterschlafen kann? Ich habe eine tolle Idee: Mach Dir doch Licht an, leg Dich wieder ins Bett und sieh Dir Bilderbücher an! Ich würde Dir dann die schönsten Bücher kaufen. Einverstanden, du alter Hopsfloh?
Dein Papa

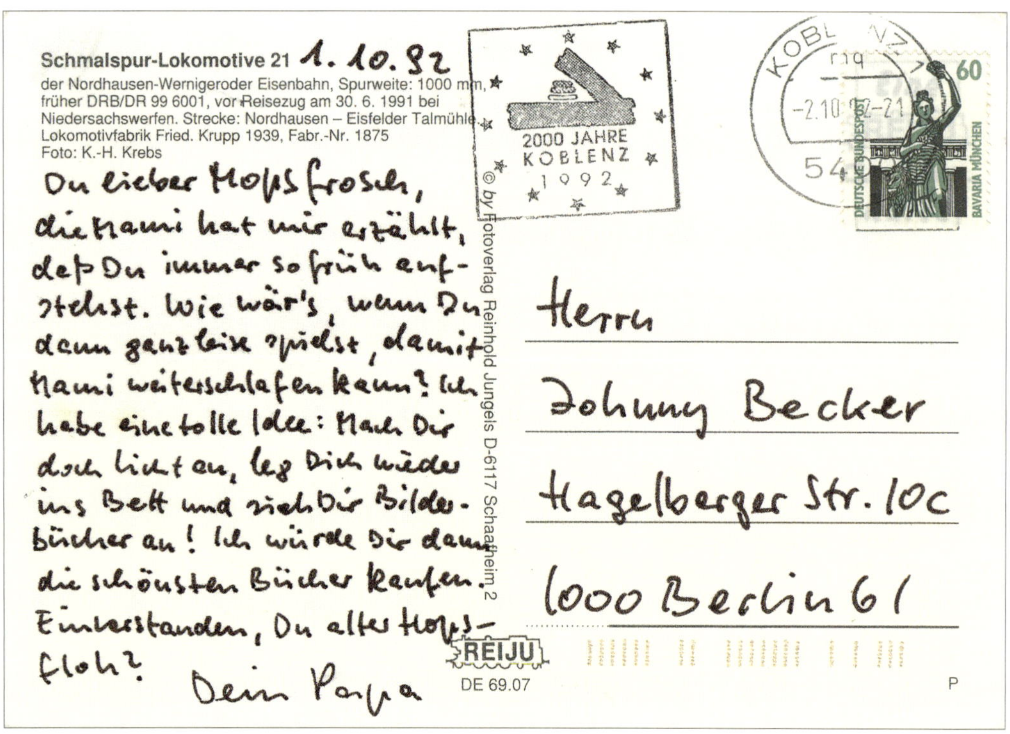

Schmalspur-Lokomotive 21 1. 10. 92
der Nordhausen-Wernigeroder Eisenbahn, Spurweite: 1000 mm, früher DRB/DR 99 6001, vor Reisezug am 30. 6. 1991 bei Niedersachswerfen. Strecke: Nordhausen – Eisfelder Talmühle. Lokomotivfabrik Fried. Krupp 1939, Fabr.-Nr. 1875
Foto: K.-H. Krebs

Du lieber Mopsfrosch,
die Mami hat mir erzählt, daß Du immer so früh aufstehst. Wie wär's, wenn Du dann ganz leise spielst, damit Mami weiterschlafen kann? Ich habe eine tolle Idee: Mach Dir doch Licht an, leg Dich wieder ins Bett und sieh Dir Bilderbücher an! Ich würde Dir dann die schönsten Bücher kaufen. Einverstanden, Du alter Hopsfloh?
Dein Papa

2000 JAHRE KOBLENZ 1992

KOBLENZ
-2.10.92-21
54

DEUTSCHE BUNDESPOST 60 BAVARIA MÜNCHEN

© by Fotoverlag Reinhold Jungels D-6117 Schaafheim 2

Herrn
Johnny Becker
Hagelberger Str. 10c
1000 Berlin 61

REIJU
DE 69.07

P

Du liebe Piepsmaus,

ich kann es gar nicht mehr erwarten, wieder zu Hause zu sein, Dir einen Kuß zu geben, Dich zu drücken, Dich hochzuwerfen und mit Dir Eis essen zu gehen. Das geht natürlich nur, wenn Du wieder gesund bist, klar? Und weißt Du, daß echte Bauern ganz viel Obst Essen?
Dein Papi

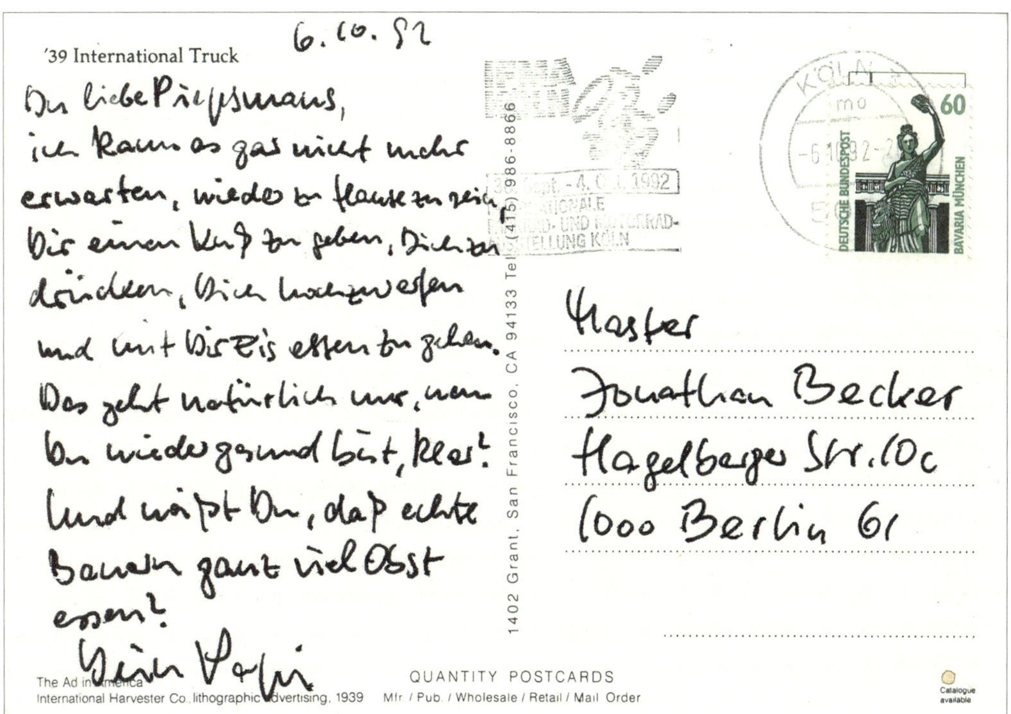

Du liebe Honigbanane,

etwas ganz Dummes: Wenn ich jetzt nach Hause komme, kann ich nur ein paar Tage bleiben, und dann muß ich schon wieder weg. An Deiner Stelle würde ich jetzt schon anfangen zu überlegen, was ich Dir dann mitbringen soll.
Zwei Pumpelküsse von
Deinem Papi

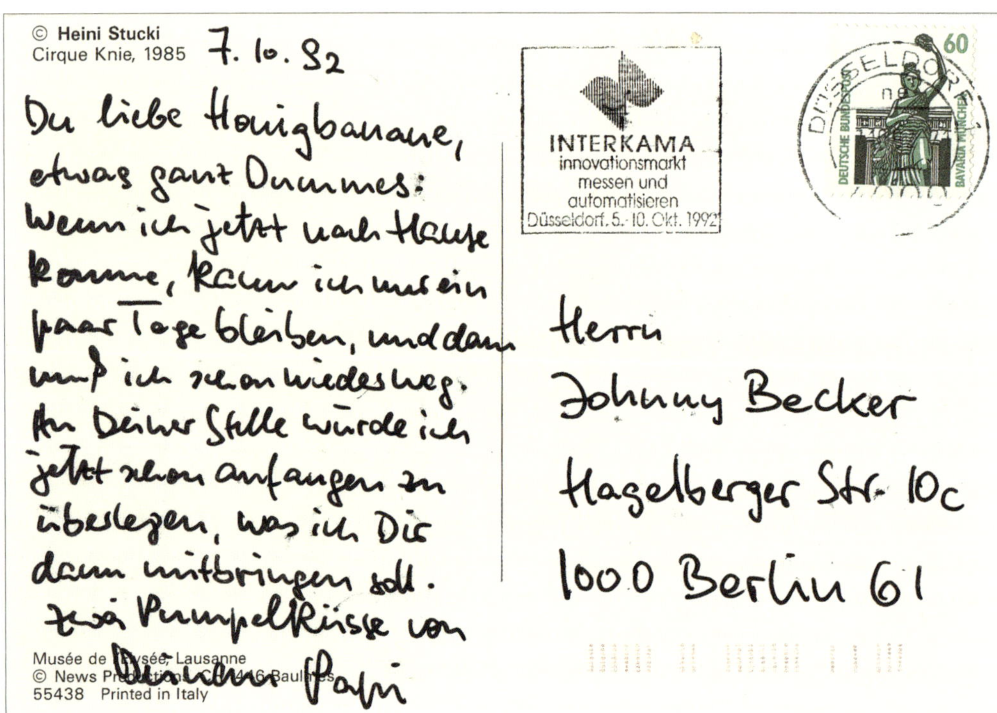

© Heini Stucki
Cirque Knie, 1985

7.10.92

INTERKAMA
innovationsmarkt
messen und
automatisieren
Düsseldorf, 5.-10. Okt. 1992

Herrn
Johnny Becker
Hagelberger Str. 10c
1000 Berlin 61

Musée de l'Elysée, Lausanne
© News Productions, CH-1446 Baulmes
55438 Printed in Italy

Du liebes Krokodil,

jetzt habe ich Dir was gekauft. Niemand hat mir gesagt, was Du Dir wünschst, Du nicht, die Mami nicht. Da bin ich in einen Spielzeugladen gegangen und hab mich selber umgesehen. Ach, du grüne Neune, wirst Du Dich wundern – warte bloß noch bis morgen.
Dein Papa

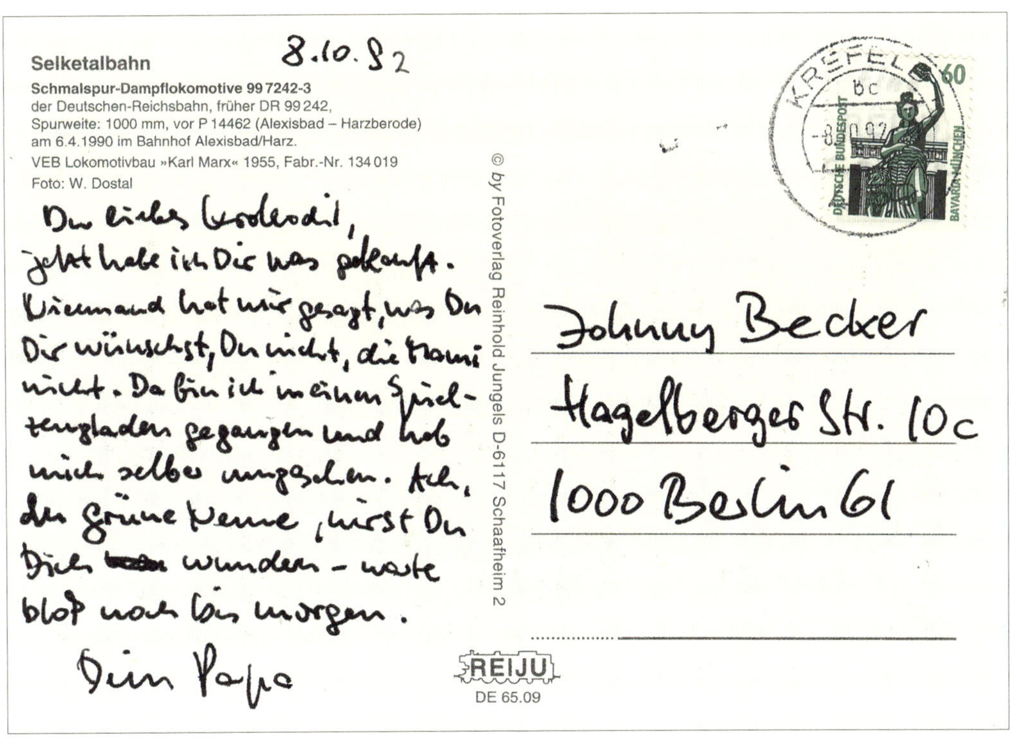

8.10.92

Selketalbahn
Schmalspur-Dampflokomotive 99 7242-3
der Deutschen-Reichsbahn, früher DR 99 242,
Spurweite: 1000 mm, vor P 14462 (Alexisbad – Harzberode)
am 6.4.1990 im Bahnhof Alexisbad/Harz.
VEB Lokomotivbau »Karl Marx« 1955, Fabr.-Nr. 134 019
Foto: W. Dostal

Du liebes Krokodil,
jetzt habe ich Dir was gekauft. Niemand hat mir gesagt, was Du Dir wünschst, Du nicht, die Mami nicht. Da bin ich in einen Spielzeugladen gegangen und hab mich selber umgesehen. Ach, du grüne Neune, wirst Du Dich ~~was~~ wundern – warte bloß noch bis morgen.
Dein Papa

© by Fotoverlag Reinhold Jungels D-6117 Schaafheim 2

REIJU
DE 65.09

KREFELD
bc
-8.10.92

60
DEUTSCHE BUNDESPOST
BAVARIA MÜNCHEN

Johnny Becker
Hagelberger Str. 10c
1000 Berlin 61

Dampf-Schnellzuglokomotive 01118 und
Dampf-Güterzuglokomotive 50685
der Historischen Eisenbahn Frankfurt e. V. vor dem Lokschuppen der Kleinbahn Frankfurt-Höchst-Königstein am 30. 5. 82 in Königstein/Taunus.
Lokomotivfabrik Krupp 1934, Fabriknummer 1415, Wiener Lokomotivfabrik 1940, Fabriknummer 3405
Foto: Werner Bischoff

9.10.92

Du liebe Bratwurst,
endlich bin ich wieder bei Dir zu Hause. Die Reise hat viel zu lange gedauert – stimmt's? Wenn Du Lust hast, mein lieber Dicker, gehen wir morgen in den Zoo. Oder hast Du eine bessere Idee?
Dein einziger Papa

Fahrplan: DB-Kursbuch Tabelle 596

Historische Eisenbahn Frankfurt e. V.

Eschborner Landstraße 140, 6000 Frankfurt 90

Fotoverlag Reinhold Jungels · D-6117 Schaafheim 2
Copyright reserved · Nachdruck verboten

REIJU
HE 5

RUHRFESTSPIELHAUS
RECKLINGHAUSEN

RECKLINGHAUSEN
-9 10 92-20
43

DEUTSCHE BUNDESPOST 60 BAVARIA MÜNCHEN

Herrn
Johnny Becker
Hagelberger Str. 10c
1000 Berlin 61

Du liebe Bratwurst,

endlich bin ich wieder bei Dir zu Hause. Die Reise hat viel zu lange gedauert – stimmt's? Wenn Du Lust hast, mein lieber Dicker, gehen wir morgen in den Zoo.
Oder hast Du eine bessere Idee?
Dein einziger Papa

Du liebes Spiegelei,

so wie auf dem Bild die Babar-Kinder eine Geschichte vorgelesen kriegen, so werde ich Dir auch zwanzig Geschichten erzählen, wenn ich bloß erst wieder zurück bin.
Bis bald, Du alter Mohrrübenhase

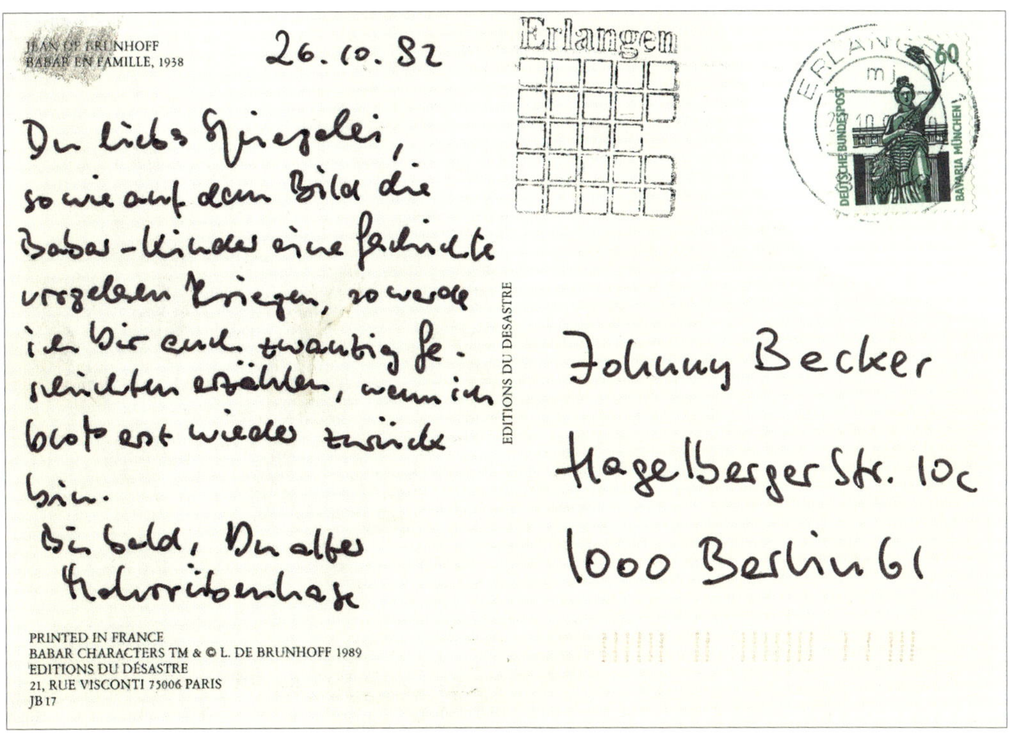

JEAN DE BRUNHOFF
BABAR EN FAMILLE, 1938

26.10.92

Du liebes Spiegelei,
so wie auf dem Bild die
Babar-Kinder eine Geschichte
vorgelesen kriegen, so werde
ich Dir auch zwanzig Ge-
schichten erzählen, wenn ich
bloß erst wieder zurück
bin.
Bis bald, Du alter
Mohrrübenhase

EDITIONS DU DESASTRE

Erlangen

60 DEUTSCHE BUNDESPOST BAVARIA MÜNCHEN

Johnny Becker
Hagelberger Str. 10c
1000 Berlin 61

PRINTED IN FRANCE
BABAR CHARACTERS TM & © L. DE BRUNHOFF 1989
EDITIONS DU DÉSASTRE
21, RUE VISCONTI 75006 PARIS
JB 17

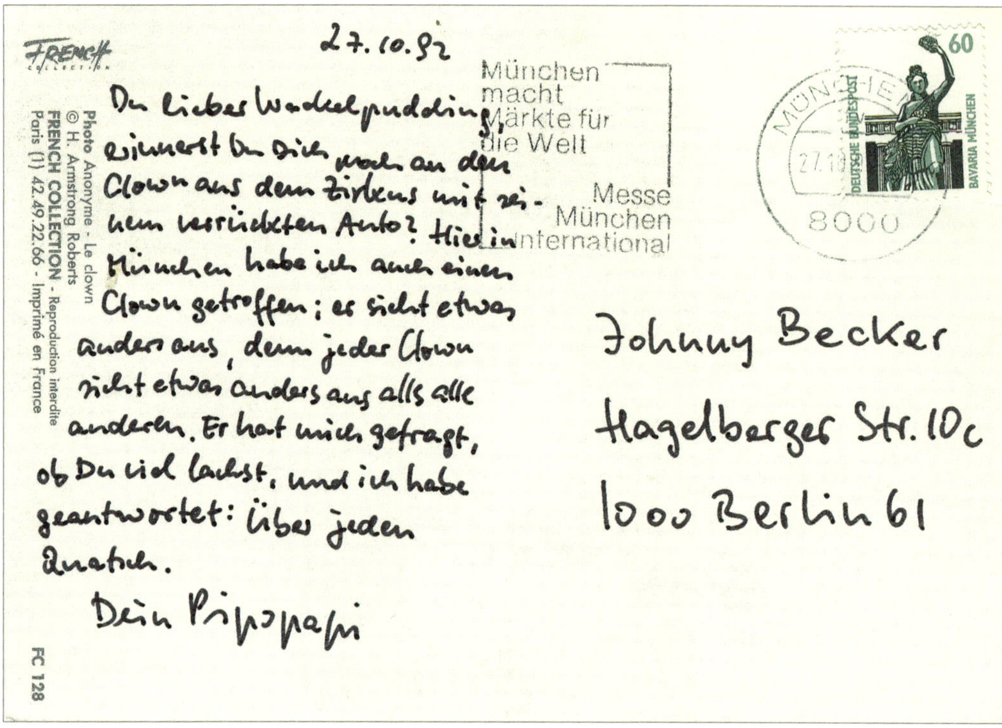

27.10.92

Du lieber Wackelpudding,
erinnerst Du Dich noch an den Clown aus dem Zirkus mit seinem verrückten Auto? Hier in München habe ich auch einen Clown getroffen; er sieht etwas anders aus, denn jeder Clown sieht etwas anders aus als alle anderen. Er hat mich gefragt, ob Du viel lachst. und ich habe geantwortet: Über jeden Quatsch.

Dein Pipopapi

Johnny Becker
Hagelberger Str. 10c
1000 Berlin 61

Du lieber Wackelpudding,

erinnerst Du Dich noch an den Clown aus dem Zirkus mit seinem verrückten Auto? Hier in München habe ich auch einen Clown getroffen; er sieht etwas anders aus, denn jeder Clown sieht etwas anders aus als alle anderen. Er hat mich gefragt, ob Du viel lachst, und ich habe geantwortet: Über jeden Quatsch.
Dein Pipopapi

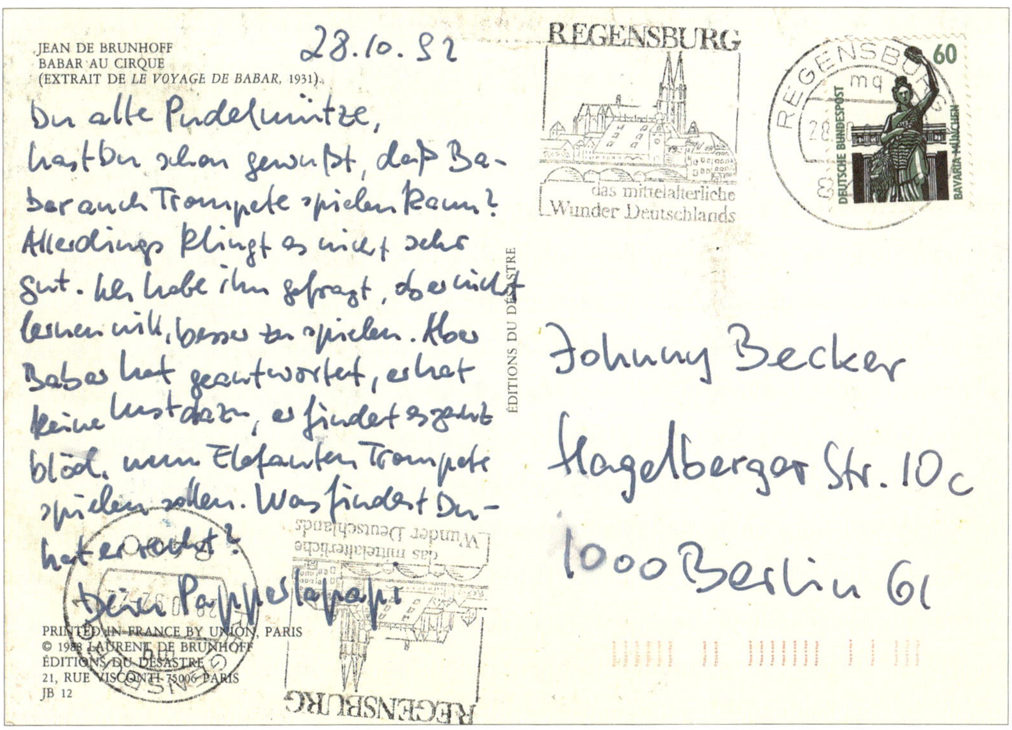

Du alte Pudelmütze,

hast Du schon gewußt, daß Babar auch Trompete spielen kann? Allerdings klingt es nicht sehr gut. Ich habe ihn gefragt, ob er nicht lernen will, besser zu spielen. Aber Babar hat geantwortet, er hat keine Lust dazu, er findet es ganz blöd, wenn Elefanten Trompete spielen sollen. Was findest Du – hat er recht?
Dein Papperlapapi

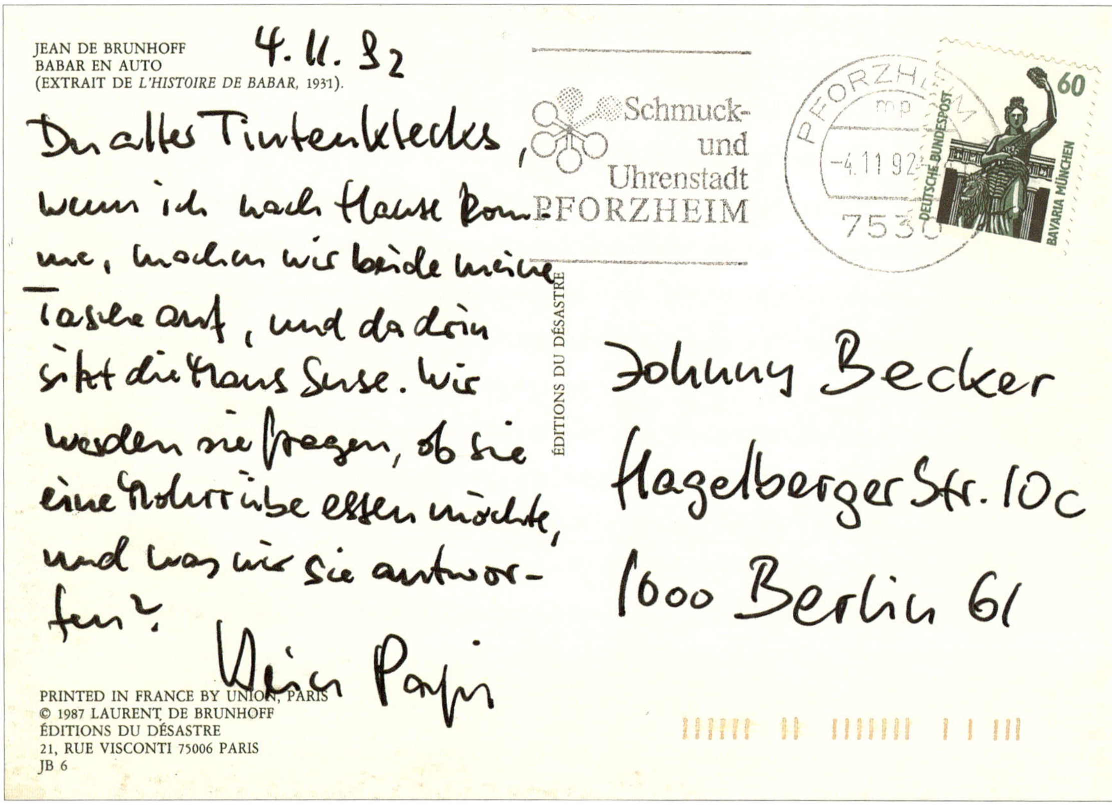
JEAN DE BRUNHOFF
BABAR EN AUTO
(EXTRAIT DE *L'HISTOIRE DE BABAR*, 1931).

4. 11. 92

Du alter Tintenklecks,
wenn ich nach Hause kom-
me, machen wir beide meine
Tasche auf, und da drin
sitzt die Maus Suse. Wir
werden sie fragen, ob sie
eine Mohrrübe essen möchte,
und was wir sie antwor-
ten?
Dein Papi

Schmuck- und Uhrenstadt PFORZHEIM

PFORZHEIM mp -4.11.92 7530

60 DEUTSCHE BUNDESPOST BAVARIA MÜNCHEN

ÉDITIONS DU DÉSASTRE

Johnny Becker
Hagelberger Str. 10c
1000 Berlin 61

PRINTED IN FRANCE BY UNION, PARIS
© 1987 LAURENT DE BRUNHOFF
ÉDITIONS DU DÉSASTRE
21, RUE VISCONTI 75006 PARIS
JB 6

Du alter Tintenklecks,

wenn ich nach Hause komme, machen wir beide meine Tasche auf,
und da drin sitzt die Maus Suse. Wir werden sie fragen,
ob sie eine Mohrrübe essen möchte, und was wir(d) sie antworten?
Dein Papi

BABAR EN AUTO

Du alte
Nudelsuppe,

ich bin in einem Hotel in der kleinen Stadt Ludwigsburg. In diesem Hotel gibt es eine Maus, die sieht genau so aus wie Suse. Wenn ich zu Hause bin, werden wir Suse fragen, ob sie eine Schwester hat.
Bis bald, mein Lieber
Dein Pappi

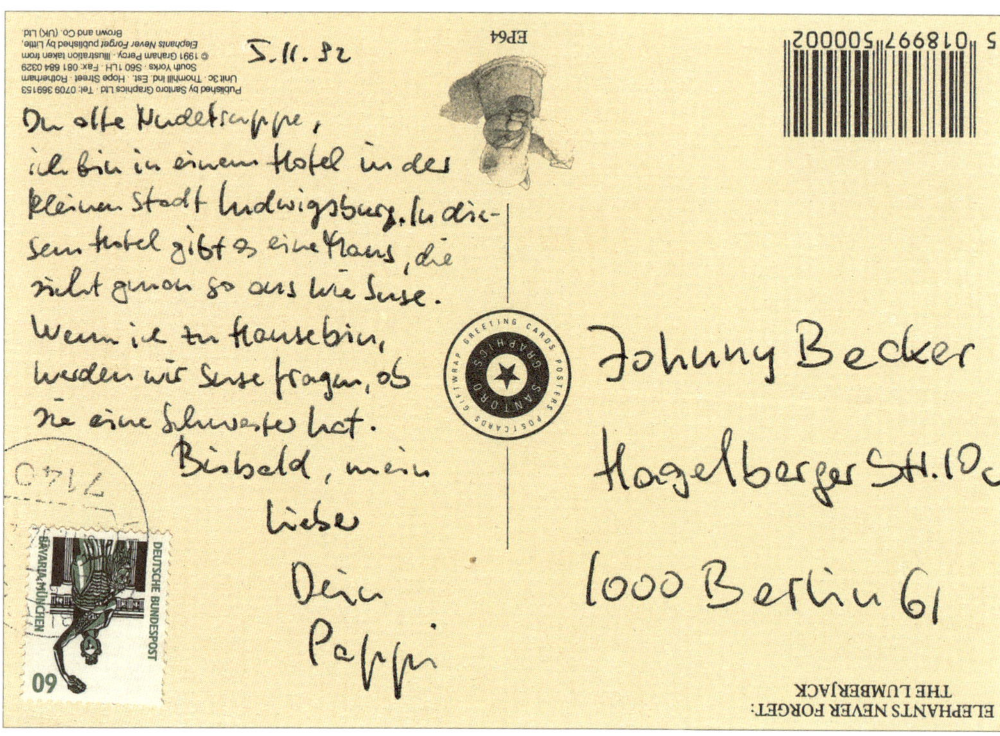

5.11.92

Du alte Nudelsuppe,
ich bin in einem Hotel in der kleinen Stadt Ludwigsburg. In diesem Hotel gibt es eine Maus, die sieht genau so aus wie Suse.
Wenn ich zu Hause bin, werden wir Suse fragen, ob sie eine Schwester hat.
Bis bald, mein Lieber
Dein Pappi

Johnny Becker
Hagelberger Str. 10c
1000 Berlin 61

Du lieber Mäusespeck:

Ach du grüne Neune, in Trier steht 'ne Scheune. Als ich das letztemal hier war, da stand die Scheune noch nicht da. Es tanzen Mäuse drin herum, rumpeldam und rumpeldum. Kaum gibst Du ihnen Speck, schon knuspern sie ihn weg. Und gibst Du ihnen Käse, sind sie Dir auch nicht böse.
Dein Bugupapa

JEAN DE BRUNHOFF
BABAR A LA NEIGE
(EXTRAIT DU *VOYAGE DE BABAR*, 1932).

6.11.92

Du lieber Mäusespeck:
Ach du grüne Neune,
in Trier steht 'ne Scheune.
Als ich das letztemal hier war,
da stand die Scheune noch nicht da.
Es tanzen Mäuse drin herum,
rumpeldam und rumpeldum.
Kaum gibst Du ihnen Speck,
schon knuspern sie ihn weg.
Und gibst Du ihnen Käse,
sind sie Dir auch nicht böse.
Dein Bugupapa

MOSELHAUPTSTADT
TRIER
UNIVERSITÄTSSTADT

TRIER
mu
-6.11.92-
550

60
DEUTSCHE BUNDESPOST
BAVARIA MÜNCHEN

ÉDITIONS DU DÉSASTRE

Johnny Becker
Hagelberger Str. 10c
1000 Berlin 61

PRINTED IN FRANCE
© 1987 LAURENT DE BRUNHOFF
ÉDITIONS DU DÉSASTRE
21, RUE VISCONTI 75006 PARIS
JB 1

Du alter Dudelsack,

letzte Nacht bin ich aufgewacht, weil ich leise höre: He du – wie geht es eigentlich Johnny? Ich mache Licht an, und wer kuckt aus meiner Tasche raus? Richtig, die Maus Suse. Ich habe geantwortet: Ach du lieber Himmel, laß mich schlafen. Wenn wir zu Hause sind, kann er dir das selbst erzählen.
Dein Papa

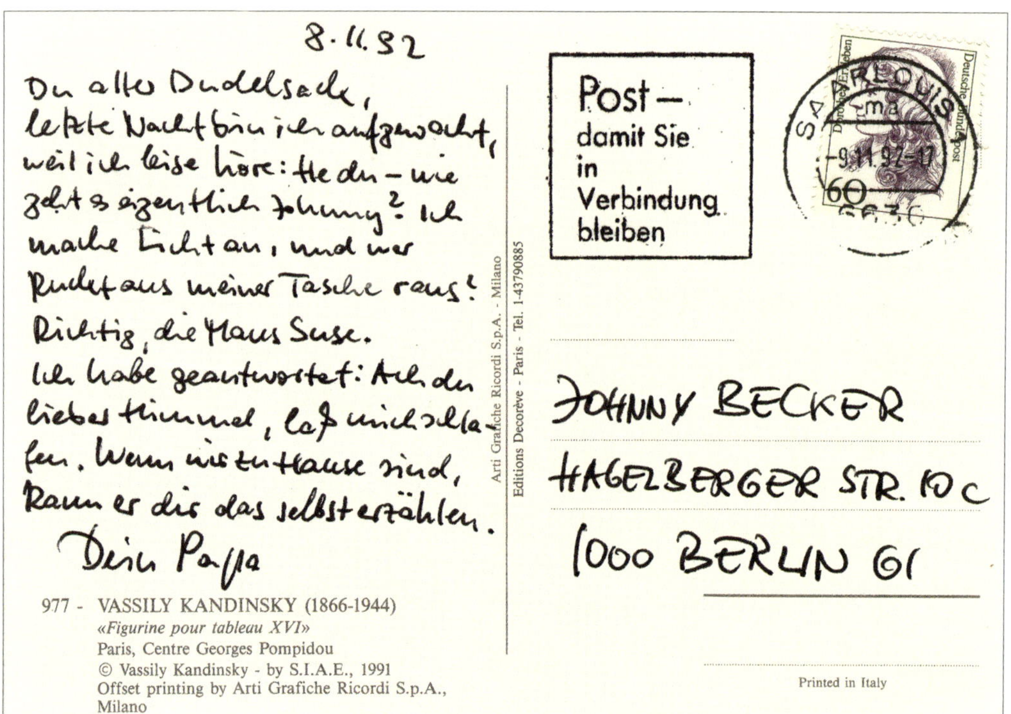
8.11.92

Du alter Dudelsack,
letzte Nacht bin ich aufgewacht,
weil ich leise höre: He du – wie
geht es eigentlich Johnny? Ich
mache Licht an, und wer
kuckt aus meiner Tasche raus!
Richtig, die Maus Suse.
Ich habe geantwortet: Ach du
lieber Himmel, laß mich schla-
fen. Wenn wir zu Hause sind,
kann er dir das selbst erzählen.
Dein Papa

977 - VASSILY KANDINSKY (1866-1944)
«Figurine pour tableau XVI»
Paris, Centre Georges Pompidou
© Vassily Kandinsky - by S.I.A.E., 1991
Offset printing by Arti Grafiche Ricordi S.p.A., Milano

Arti Grafiche Ricordi S.p.A. - Milano
Editions Decoreve - Paris - Tel. 1-43790885

Post – damit Sie in Verbindung bleiben

JOHNNY BECKER
HAGELBERGER STR. 10 C
1000 BERLIN 61

Printed in Italy

Du altes
Rumpelpumpel,

ich bin in einem großen Hotel, in dem es viele Kinder gibt. Andauernd hört man eins der Kinder kichern, aber keins lacht so komisch wie Du. Wenn ich nach Hause komme, werde ich sofort anfangen, Deinen Bauch zu kitzeln, damit Du schnell lachst.
Dein Kitzelpapa

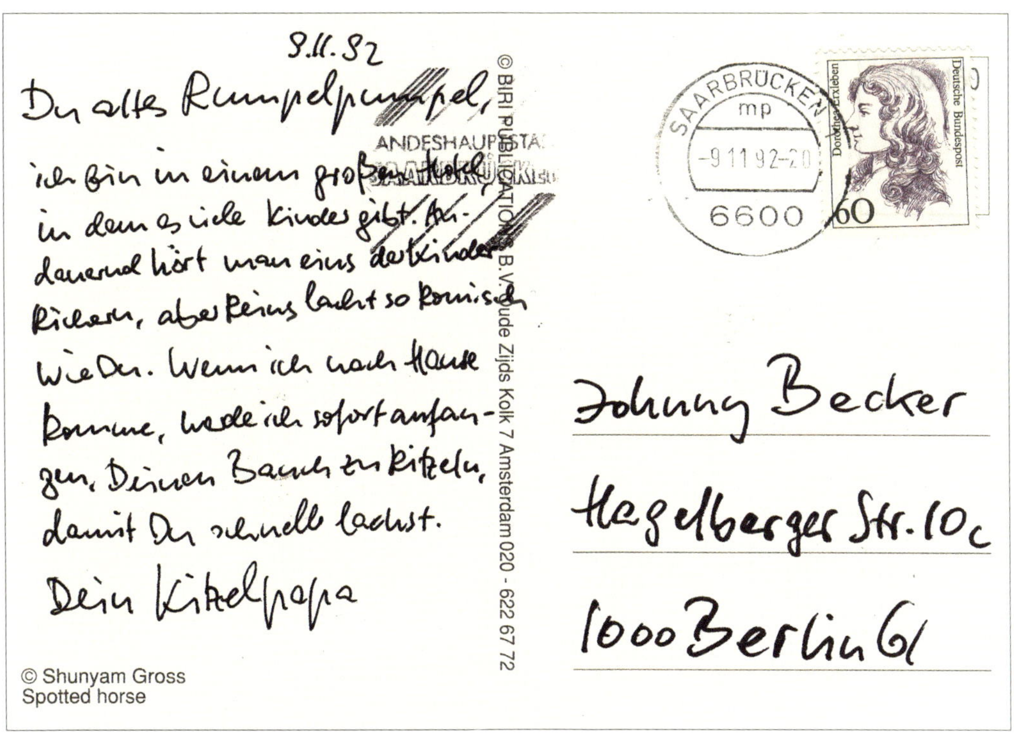

9.11.92

ATHENA INTERNATIONAL

ANDESHAUPTSTA
SAARBRÜCKE

Dorothea Erxleben
Deutsche Bundespost
60

Du alte Hühnerpuppe,
heute bin ich in einem Hotel,
da gibt es keine einzige Maus.
Wie traurig! Aber noch viel trau-
riger ist, daß es hier keinen
Johnny gibt. Beim nächsten-
mal fahre ich nur noch in
Hotels mit einem Johnny,
sonst macht mir das Ganze
keinen Spiß. Quatsch – keinen
Spuß. Quatsch – ich meine,
keinen Spaß.
Dein Johnnypapa

Johnny Becker
Hagelberger Str. 10c
1000 Berlin 61

ELEPHANTS
© CARL PURCELL/BLACK STAR
PRINTED IN ENGLAND
E1000730

5 015032 085067

Du alte Hühnerpuppe,

heute bin ich in einem Hotel, da gibt es keine einzige Maus.
Wie traurig! Aber noch viel trauriger ist, daß es hier
keinen Johnny gibt. Beim nächstenmal fahre ich nur noch
in Hotels mit einem Johnny, sonst macht mir das Ganze
keinen Spiß. Quatsch – keinen Spuß. Quatsch –
ich meine, keinen Spaß.
Dein Johnnypapa

Du alter Katzenratz,

immer wenn ich ein Müllauto sehe, muß ich an meinen Johnny denken. Aber jetzt bin ich in einem Restaurant und muß schon wieder an den Johnny denken, dabei gibt es hier überhaupt kein Müllauto. Kannst Du mir das erklären?
Einen dicken Kuß von
Deinem Papa

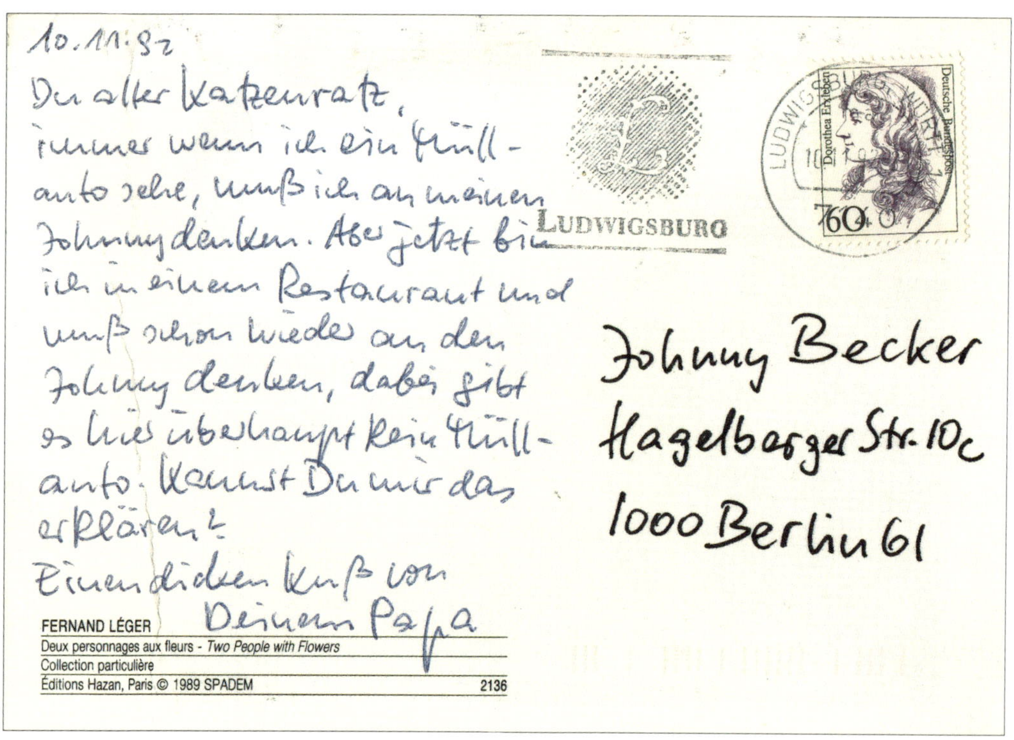

10.11.92
Du alter Katzenratz,
immer wenn ich ein Müll-
auto sehe, muß ich an meinen
Johnny denken. Aber jetzt bin
ich in einem Restaurant und
muß schon wieder an den
Johnny denken, dabei gibt
es hier überhaupt kein Müll-
auto. Kannst Du mir das
erklären?
Einen dicken Kuß von
Deinem Papa

LUDWIGSBURG

Johnny Becker
Hagelberger Str. 10c
1000 Berlin 61

FERNAND LÉGER
Deux personnages aux fleurs - *Two People with Flowers*
Collection particulière
Éditions Hazan, Paris © 1989 SPADEM 2136

Du altes
Wickelbaby,

ich hab ne tolle Idee: Wenn ich wieder zu Hause bin, gehen wir beide in ein großes warmes Schwimmbad. Dort kann man plitschen und platschen und rutschen und ratschen. Wollen wir die Mami mitnehmen?
Der Papa

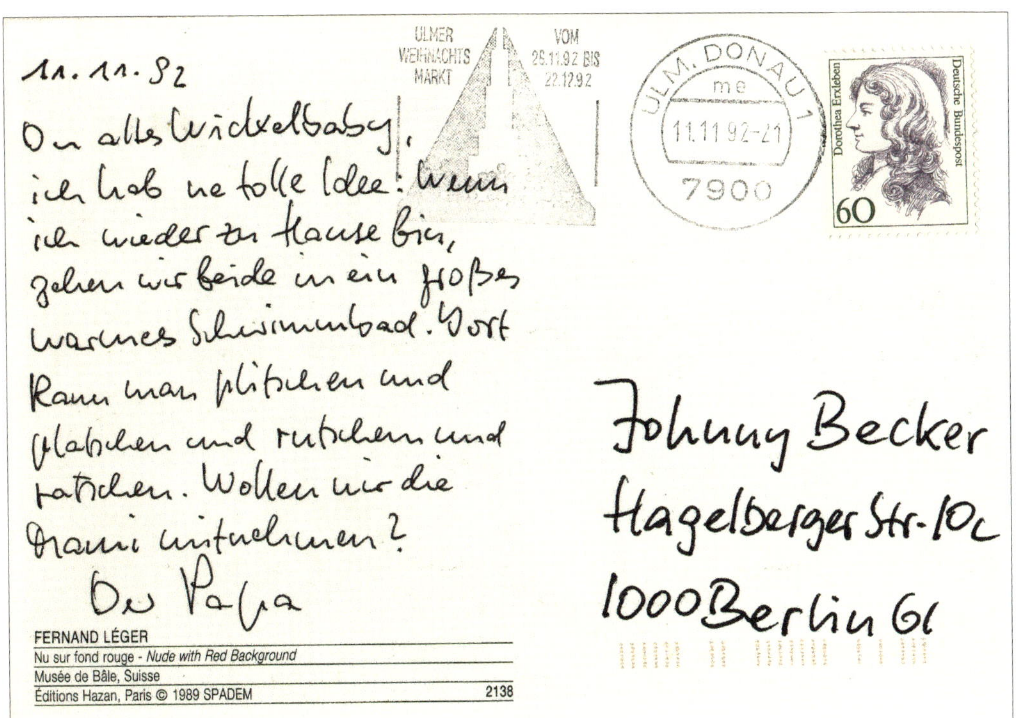

11.11.92
Du altes Wickelbaby,
ich hab ne tolle Idee: Wenn ich wieder zu Hause bin, gehen wir beide in ein großes warmes Schwimmbad. Dort kann man plitschen und platschen und rutschen und ratschen. Wollen wir die Mami mitnehmen?
Der Papa

Johnny Becker
Hagelberger Str. 10c
1000 Berlin 61

FERNAND LÉGER
Nu sur fond rouge - *Nude with Red Background*
Musée de Bâle, Suisse
Éditions Hazan, Paris © 1989 SPADEM 2138

Du alter Quatschbubi,

jetzt dauert es gar nicht mehr lange, bis der Papa wieder zu Hause ist. Daß wir dann in den Zoo gehen und ins Schwimmbad, das habe ich Dir schon gesagt. Weißt Du aber auch, daß wir beide zusammen ein(en) großen Topf Hühnersuppe kochen werden?
Dein Bigibagabugupapa

N°142 "Elephant Stop". 12.11.92 CARTE POSTALE

Du alter Quatschbubi,
jetzt dauert es gar nicht mehr lange, bis der Papa wieder ~~zu Hause~~ ist. Daß wir dann in den Zoo gehen und ins Schwimmbad, das habe ich Dir schon gesagt. Weißt Du aber auch, daß wir beide zusammen ein großen Topf Hühnersuppe kochen werden?
Dein Bigibagabugupapa

Editions Gendre 63 Bd Masséna 75013 Paris. Tél : (1) 45 84 45 00

STUTTG 12.11.92 7000

Dorothea Erxleben Deutsche Bundespost 60

JONATHAN BECKER
HAGELBERGER STR. 10c
1000 BERLIN 61

Meine liebe
Tomatengurke,

ich sehe gerade aus dem Hotelfenster – es regnet, aber es scheint auch die Sonne. Hast Du gewußt, daß es, wenn Sonne scheint und Regen fällt, immer einen REGENBOGEN gibt? Los, laß Dir von der Mami in einem Buch zeigen, was ein Regenbogen ist.
Bis bald, mein Liebster
Dein Papipapa

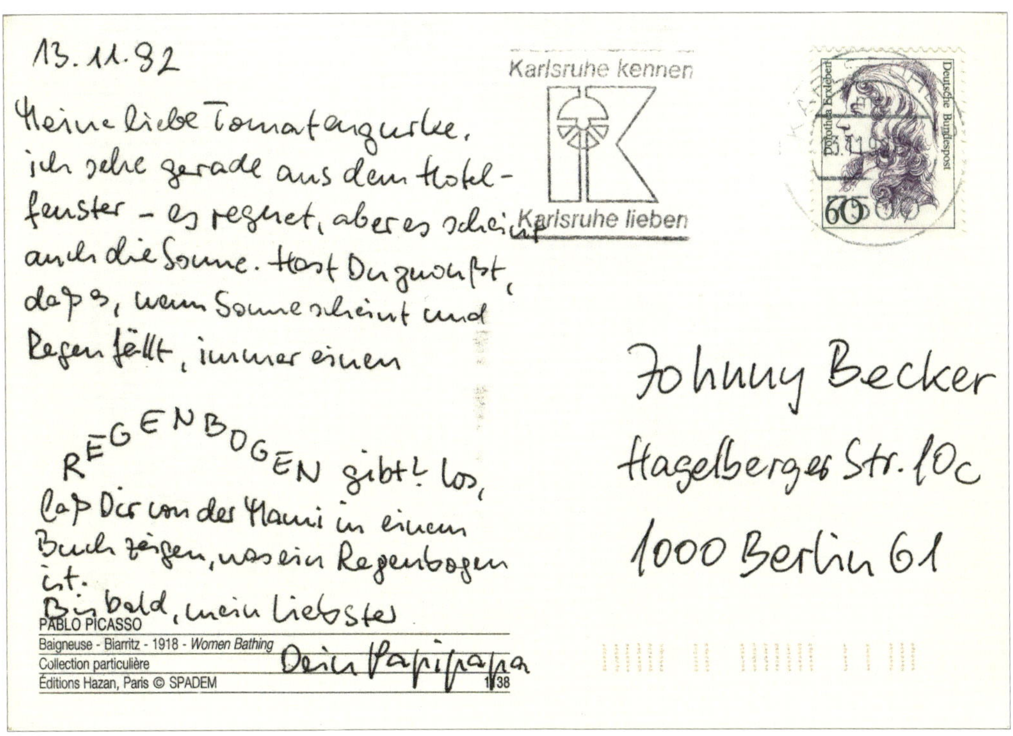

Du altes Bananenei,

heute habe ich einen Bauern gesehen, der hat seinen Traktor geputzt. Ich hab ihn gefragt, ob er nicht lieber fahren will. Da hat er gesagt: Quatsch, jetzt wird es Winter, da kommt der Traktor in die Garage. Da habe ich daran denken müssen, daß Dein Tratojar in Sieseby auch in der Garage steht.
Küsse von Deinem Papa

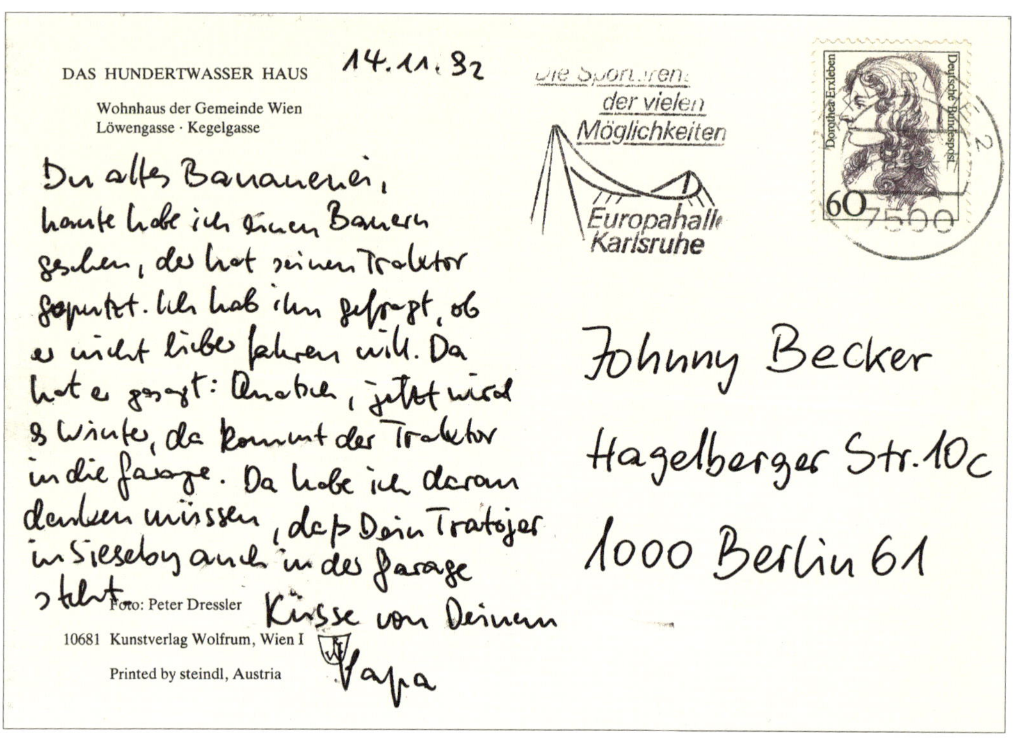
DAS HUNDERTWASSER HAUS

Wohnhaus der Gemeinde Wien
Löwengasse · Kegelgasse

14.11.92

Die Sportstätten der vielen Möglichkeiten
Europahalle Karlsruhe

Dorothea Erxleben
Deutsche Bundespost
60

Du altes Bananenei,
heute habe ich einen Bauern
gesehen, der hat seinen Traktor
geputzt. Ich hab ihn gefragt, ob
er nicht lieber fahren will. Da
hat er gesagt: Quatsch, jetzt wird
es Winter, da kommt der Traktor
in die Garage. Da habe ich daran
denken müssen, daß Dein Tratojar
in Sieseby auch in der Garage
steht.
Küsse von Deinem
Papa

Johnny Becker
Hagelberger Str. 10c
1000 Berlin 61

Foto: Peter Dressler
10681 Kunstverlag Wolfrum, Wien I
Printed by steindl, Austria

Du alter Wurstmaxe,

gestern war ich auf einem großen Markt. Da gab es Bananen und Tomaten und Gurken und Apfelsinen und noch viel mehr. Plötzlich war da auch eine kleine Maus. Ich hab sie gefragt, ob sie zufällig Suse heißt, aber sie ist weggerannt. Vielleicht hat sie gedacht, ich will ihr eine Mohrrübe geben. Was sagt die Suse immer, wenn man sie fragt, ob sie eine Mohrrübe will?
Dein Papapapapapi

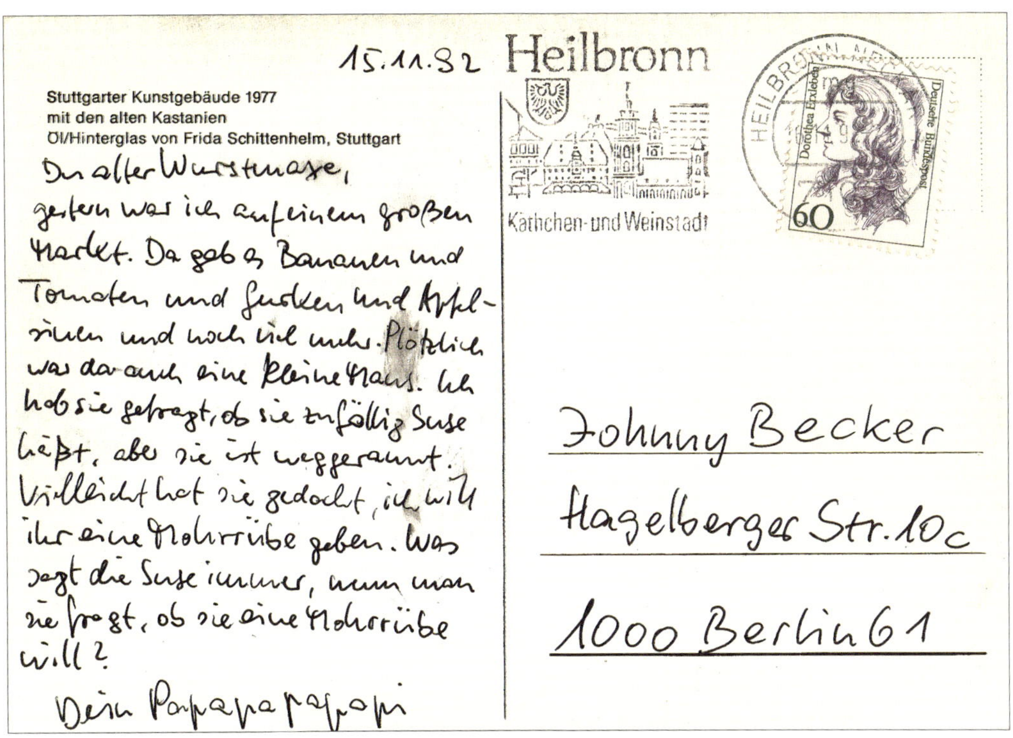

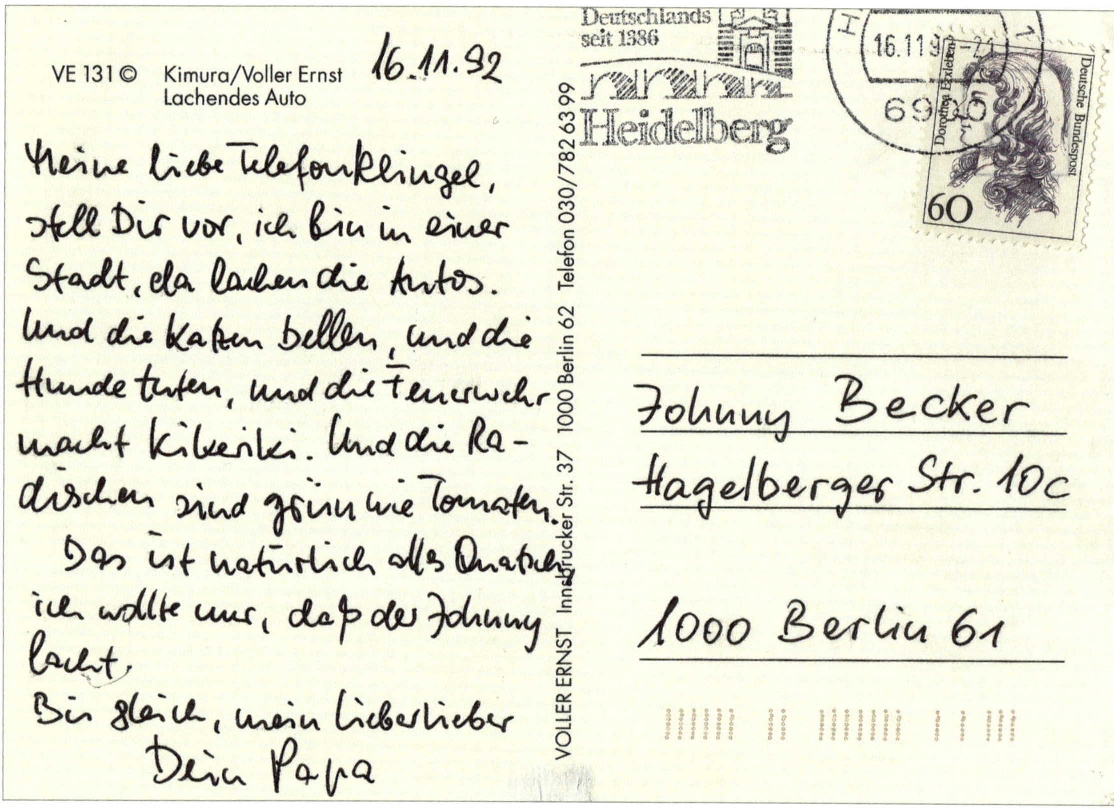

VE 131 © Kimura/Voller Ernst
Lachendes Auto

16.11.92

Meine liebe Telefonklingel,
stell Dir vor, ich bin in einer
Stadt, da lachen die Autos.
Und die Katzen bellen, und die
Hunde tuten, und die Feuerwehr
macht Kikeriki. Und die Ra-
dischen sind grün wie Tomaten.
Das ist natürlich alles Quatsch,
ich wollte nur, daß der Johnny
lacht.
Bis gleich, mein Lieberlieber
Dein Papa

VOLLER ERNST Innsbrucker Str. 37 1000 Berlin 62 Telefon 030/782 63 99

Deutschlands seit 1386
Heidelberg

16.11.92

Dorothea Erxleben
Deutsche Bundespost
60

Johnny Becker
Hagelberger Str. 10c

1000 Berlin 61

Meine liebe Telefonklingel,

stell Dir vor, ich bin in einer Stadt, da lachen die Autos.
Und die Katzen bellen, und die Hunde tuten,
und die Feuerwehr macht Kikeriki. Und die Radieschen
sind grün wie Tomaten. Das ist natürlich alles Quatsch,
ich wollte nur, daß der Johnny lacht.
Bis gleich, mein Lieberlieber
Dein Papa

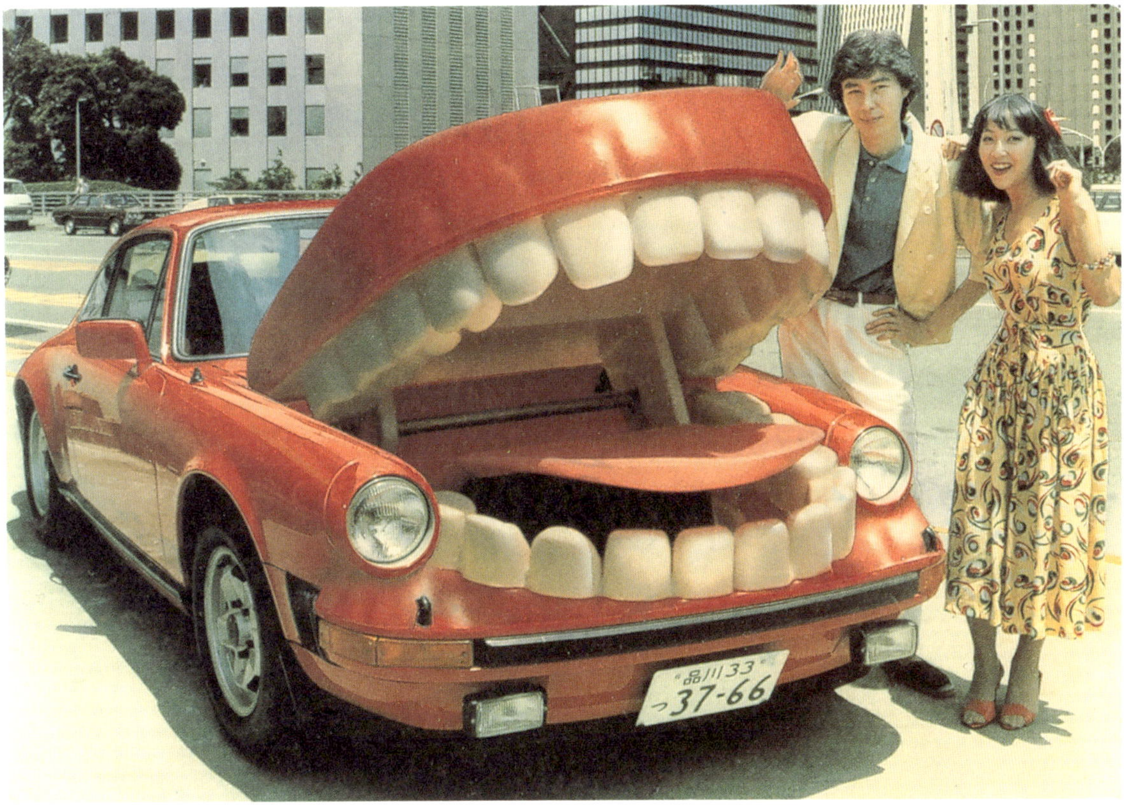
品川33
つ37-66

Meine liebe Pampelmuse,

hier in Sieseby ist es jetzt furchtbar kalt. Die Enten können nicht schwimmen, weil die Schlei zugefroren ist, und die Traktoren stehen alle in der Garage, weil auf den Feldern nichts zu tun ist. Der Bauer Sumsebum hat mich gefragt, wann der Johnny kommt, und ich habe ihm geantwortet: Wenn's ein bißchen wärmer wird. Viele Küsse von Deinem Bugupapa

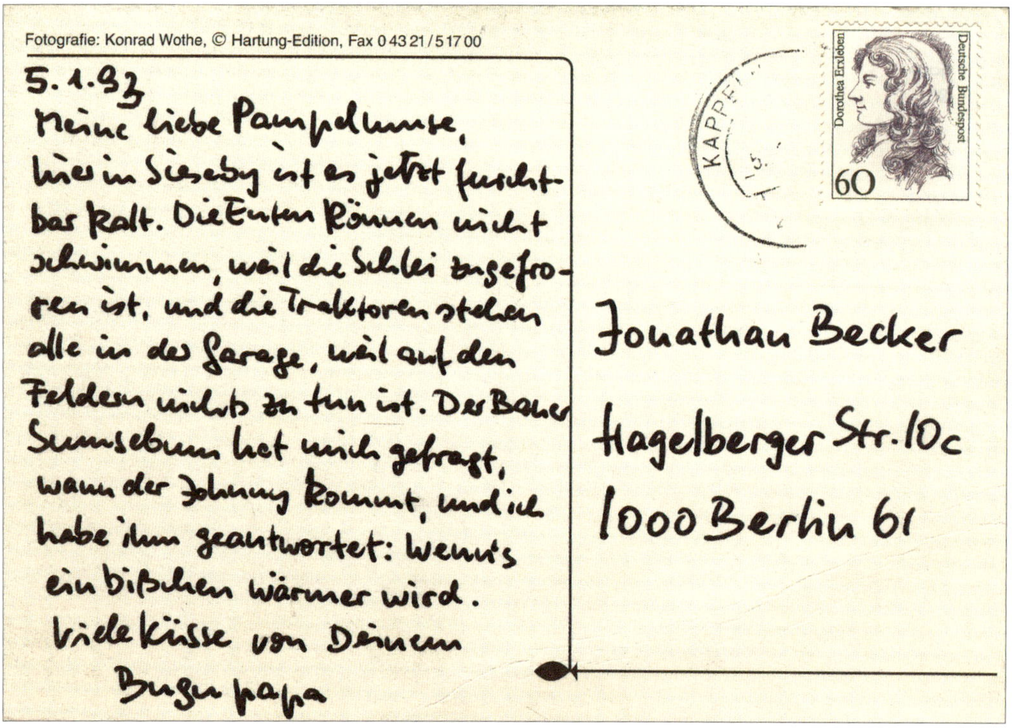

Fotografie: Konrad Wothe, © Hartung-Edition, Fax 0 43 21 / 5 17 00

5.1.93
Meine liebe Pampelmuse,
hier in Sieseby ist es jetzt furchtbar kalt. Die Enten können nicht schwimmen, weil die Schlei zugefroren ist, und die Traktoren stehen alle in der Garage, weil auf den Feldern nichts zu tun ist. Der Bauer Sumsebum hat mich gefragt, wann der Johnny kommt, und ich habe ihm geantwortet: Wenn's ein bißchen wärmer wird.
Viele Küsse von Deinem
Bugupapa

Dorothea Erxleben
Deutsche Bundespost
60

KAPPE

Jonathan Becker
Hagelberger Str. 10c
1000 Berlin 61

Du lieber Mäuseigel,

heute war ich in einem Supermarkt, vor dem ein großes Kinderauto steht. Aber es ist kaputt. Ich habe die Verkäuferin gefragt, wann das Auto wieder repariert sein wird, und sie hat geantwortet: Wenn Johnny kommt.

Bis bald, Du alte Igelmaus

Dein Poppi

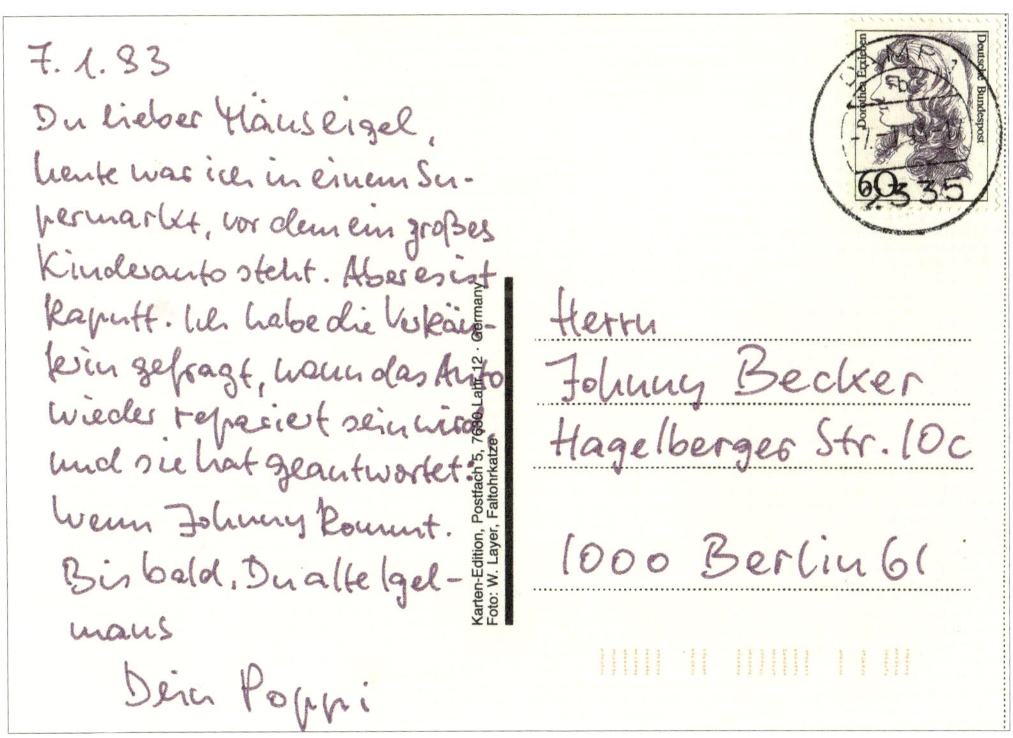

7.1.83

Du lieber Mäuseigel,

heute war ich in einem Supermarkt, vor dem ein großes Kinderauto steht. Aber es ist kaputt. Ich habe die Verkäuferin gefragt, wann das Auto wieder repariert sein wird und sie hat geantwortet: Wenn Johnny kommt.

Bis bald, Du alte Igelmaus

Dein Poppi

Karten-Edition, Postfach 5, 7630 Lahr 12 · Germany
Foto: W. Layer, Faltohrkatze

Deutsche Bundespost
Dorothea Erxleben
60

Herrn
Johnny Becker
Hagelberger Str. 10c

1000 Berlin 61

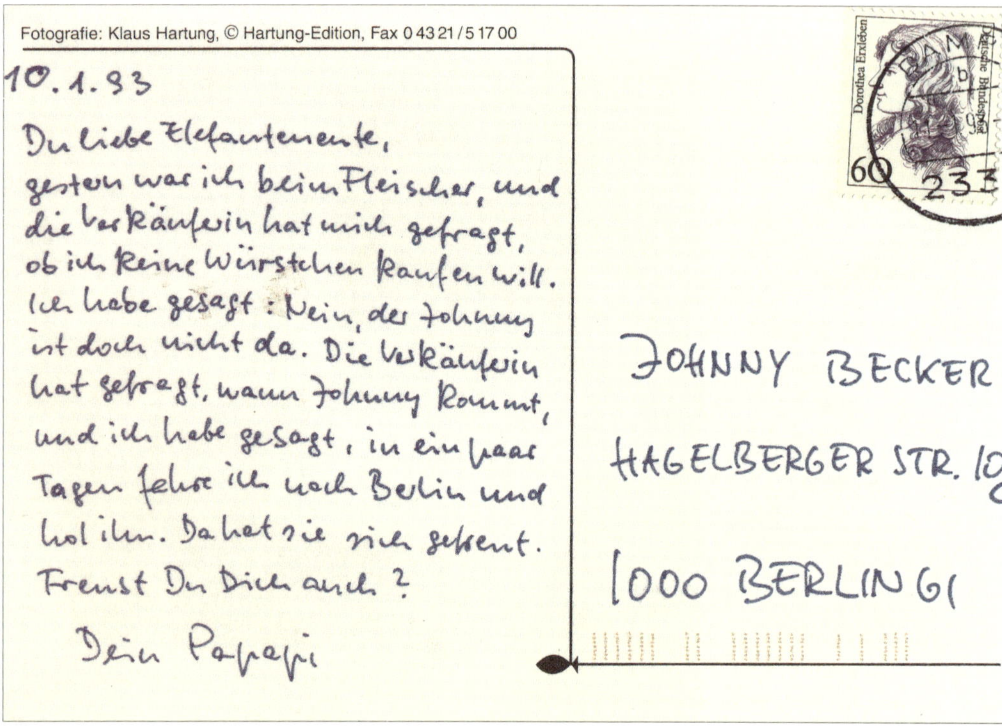

Du liebe Elefantenente,

gestern war ich beim Fleischer, und die Verkäuferin hat mich gefragt, ob ich keine Würstchen kaufen will. Ich habe gesagt: Nein, der Johnny ist doch nicht da. Die Verkäuferin hat gefragt, wann Johnny kommt, und ich habe gesagt, in ein paar Tagen fahre ich nach Berlin und hol ihn. Da hat sie sich gefreut.
Freust Du Dich auch?
Dein Papapi

Du alte Honigtomate,

hier in Sieseby regnet es ganz schrecklich. In unserem Garten sind riesengroße Pfützen, und der Wind pustet so stark, daß die Vögel nur in eine Richtung fliegen können. Aber wenn ich Dich in der nächsten Woche hole, wird alles anders. Laß Dir von der Mami erklären, wie wenig Tage es nur noch sind. Und was ein Leuchtturm ist, soll sie Dir auch erklären. Oder weißt Du das schon?
Dein Johnnypapa

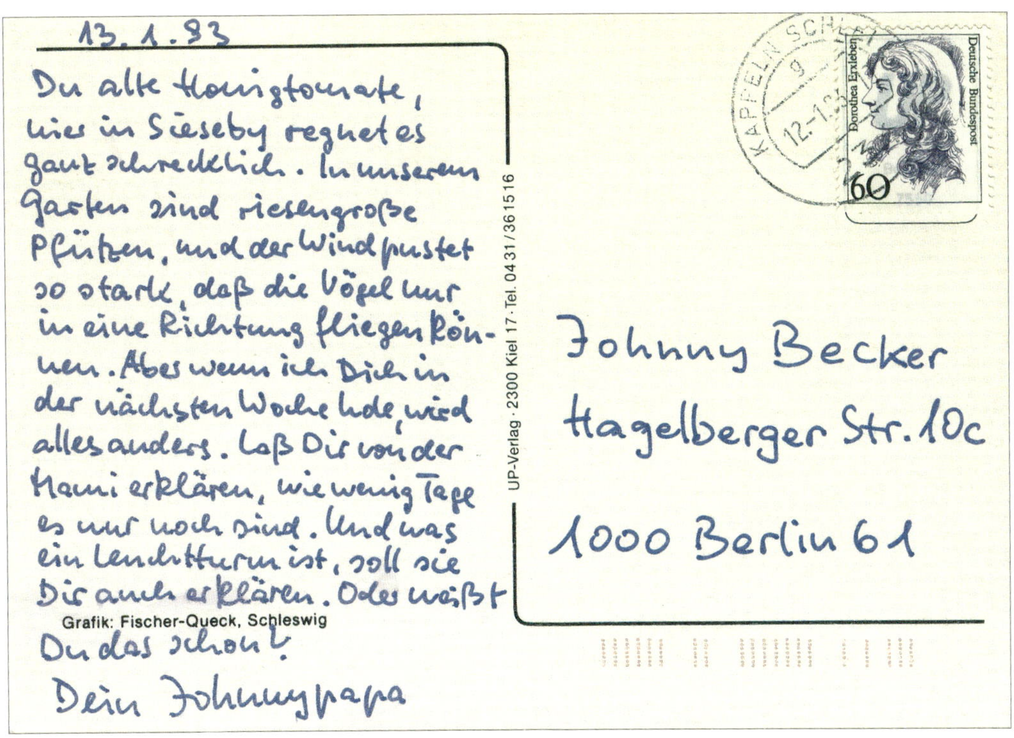
13.1.83

Du alte Honigtomate,
hier in Sieseby regnet es ganz schrecklich. In unserem Garten sind riesengroße Pfützen, und der Wind pustet so stark, daß die Vögel nur in eine Richtung fliegen können. Aber wenn ich Dich in der nächsten Woche hole, wird alles anders. Laß Dir von der Mami erklären, wie wenig Tage es nur noch sind. Und was ein Leuchtturm ist, soll sie Dir auch erklären. Oder weißt Du das schon?

Dein Johnnypapa

Grafik: Fischer-Queck, Schleswig

UP-Verlag · 2300 Kiel 17 · Tel. 04 31 / 36 15 16

Deutsche Bundespost
Dorothea Erxleben
60

KAPPELN SCH...
12-1.83

Johnny Becker
Hagelberger Str. 10c
1000 Berlin 61

Du olles Erdbeerradieschen,

wenn die Mama Dir diese Karte vorliest, dann ist es nur noch ein Tag, bis Dein Papa kommt und Dich warm anzieht, ins Auto setzt, und dann ab nach Sieseby! Ich habe gehört, hier in Sieseby soll es bald schneien. Wollen wir dann ganz schnell einen Schlitten kaufen?
Dein Johnnypapa

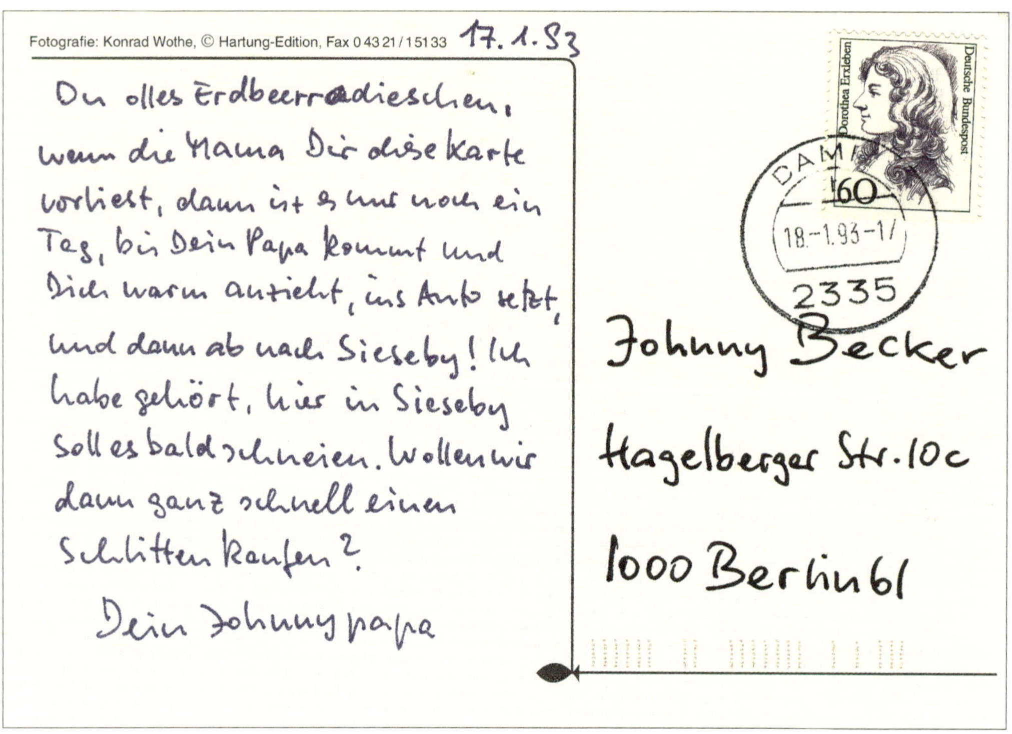

Fotografie: Konrad Wothe, © Hartung-Edition, Fax 0 43 21 / 151 33 17.1.93

Du olles Erdbeerradieschen,
wenn die Mama Dir diese Karte vorliest, dann ist es nur noch ein Tag, bis Dein Papa kommt und Dich warm anzieht, ins Auto setzt, und dann ab nach Sieseby! Ich habe gehört, hier in Sieseby soll es bald schneien. Wollen wir dann ganz schnell einen Schlitten kaufen?

Dein Johnnypapa

Johnny Becker
Hagelberger Str. 10c
1000 Berlin 61

Du lieber alter
Gänsebraten,

es ist jetzt furchtbar kalt in Sieseby. Die Schlei ist zugefroren, die Straßen sind schweineglatt, und nirgend sieht man einen Traktor, denn alle Bauern sitzen zu Hause und frieren. Nur in meinem Arbeitszimmer ist es warm – da sitze ich den ganzen Tag an der Schreibmaschine und denke an meinen Johnny.
Viele Katzenküsse
von Deinem Papa

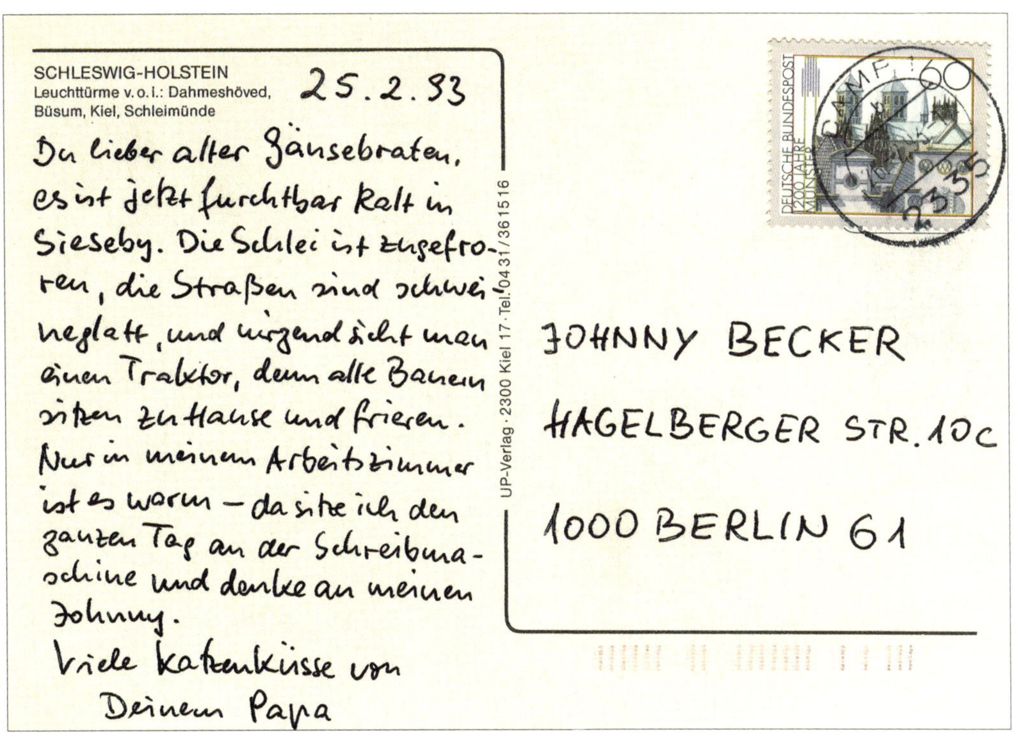

25.2.93

Du lieber alter Gänsebraten,
es ist jetzt furchtbar kalt in Sieseby. Die Schlei ist zugefroren, die Straßen sind schweineglatt, und nirgend sieht man einen Traktor, denn alle Bauern sitzen zu Hause und frieren.
Nur in meinem Arbeitszimmer ist es warm – da sitze ich den ganzen Tag an der Schreibmaschine und denke an meinen Johnny.
Viele Katzenküsse von
Deinem Papa

JOHNNY BECKER
HAGELBERGER STR. 10c
1000 BERLIN 61

Du olle
Zitronengurke,

heute hat mich die Frau Wohlsen gefragt, wo der Johnny ist. Ich hab gesagt: In seiner Wohnung in Berlin. Da hat sie mich gefragt, warum er seine Spielsachen hier in Sieseby gelassen hat. Ich habe geantwortet: Der Johnny hat so viele Spielsachen, der hat in Berlin welche und in Sieseby welche. Da kann er nie was vergessen.
Bis bald, Du liebe
Joghurtkartoffel –
Dein Papi

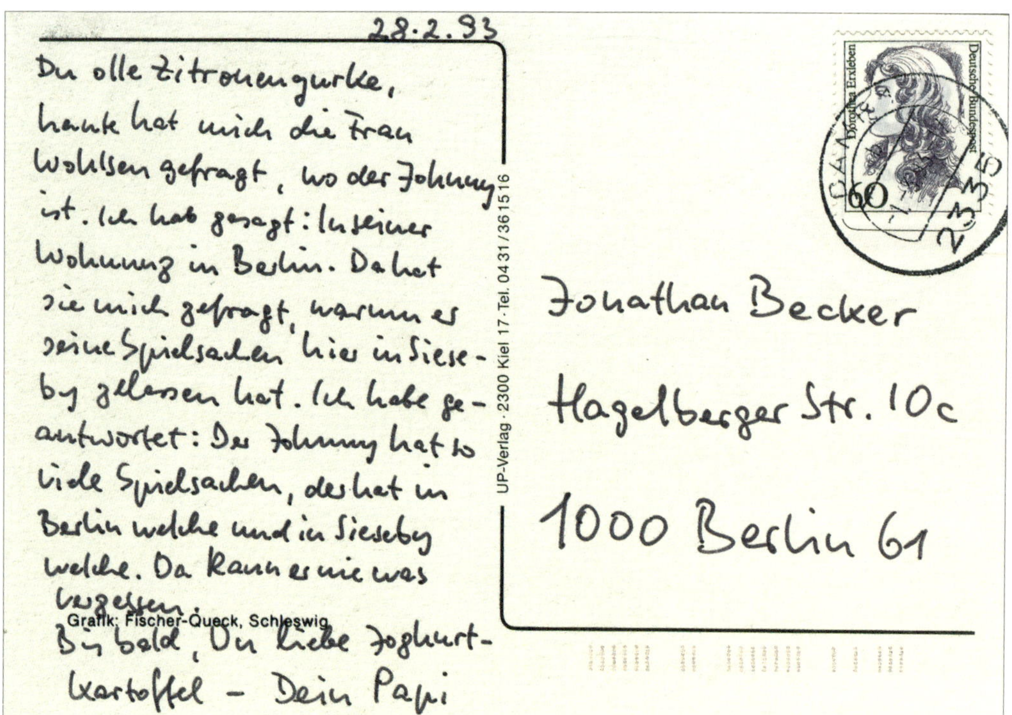

Mein lieber Lieber,

hat es Dir gut in Amerika gefallen? In wenigen Tagen bin ich auch zu Hause, dann greife ich mir den alten Johnny, wir gehen in einen Spielzeugladen und suchen einen Bauern Sumsebum. In Ordnung?
Dein Papa

Marc Chagall
1887-1985

Le cirque, 1922-1944
Huile sur toile de lin
37,3 x 57,7
Musée national d'art moderne
Centre Georges Pompidou, Paris
Acquis par dation, 1988
Déposée au Musée de Strasbourg

25.3.93

Mein lieber Lieber,
hat es Dir gut in Amerika gefallen? In wenigen Tagen bin ich auch zu Hause, dann greife ich mir den alten Johnny, wir gehen in einen Spielzeugladen und suchen einen Bauern Sumsebum. In Ordnung?

Dein Papa

Johnny Becker
Hagelbergerstr. 10 C
D-1000 Berlin 61
Germany

Du liebes Kartoffelei,

erinnerst Du Dich, daß Du in diesem Hotel warst? Wenn nicht, dann sag ich's Dir eben. Und wenn Du Dich immer noch nicht erinnerst, ist es auch nicht schlimm.
Dein Papa

6.4.93

Lieber Johnny,
jetzt bist Du ohne mich nach
Berlin geflogen. Aber wenn die
Mama Dir diese Karte vorliest, dauert
es genau noch fünf Tage, dann bin
ich auch zu Hause. Wollen wir wetten
daß ich Dir gleich am ersten Abend
eine Geschichte von Suse und Sumse-
bum erzähle? Bis wir uns wieder-
sehen, sollst Du ganz viel lachen
und ganz wenig weinen. Am besten
nur ein kleines bißchen.
Dein Bugu-Papi

559 - JOAN MIRÒ (1893-1983)
«Personages et chien devant le soleil, 1949»
Basel, Kunstmuseum
© by SIAE Roma 1986

Arti Grafiche Ricordi S.p.A. - Milano

SAINT LOUIS MO 631
PM
07 APR
1993

William T. Piper
Aviation Pioneer
USAirmail 40

JONATHAN BECKER
Hagelberger Str. 10c
D-1000 Berlin 61
GERMANY

Printed in Italy

Lieber Johnny,

jetzt bist Du ohne mich nach Berlin geflogen. Aber wenn die Mama Dir diese Karte vorliest, dauert es genau noch fünf Tage, dann bin ich auch zu Hause. Wollen wir wetten, daß ich Dir gleich am ersten Abend eine Geschichte von Suse und Sumsebum erzähle? Bis wir uns wiedersehen, sollst Du ganz viel lachen und ganz wenig weinen. Am besten nur ein kleines bißchen.
Dein Bugu-Papi

Liebe Maus Suse,

in diesem Sommer werden wir wieder in Sieseby sein und uns auf den Traktor setzen und aufs Feld fahren und kalten Saft trinken und uns ins Gras schmeißen.
Freust Du Dich auch darauf?
Dein Bauer Sumsebum

GRÉGOIRE SOLOTAREFF
LES SOURIS EN VOITURE
15.4.93
AIR MAIL
SAINT LOUIS MO 631
PM
15 APR
1993
Lillian M. Gilbreth
USA 40c
Liebe Maus Suse,
in diesem Sommer werden wir wieder in Sieseby sein und uns auf den [Traktor] setzen und aufs Feld fahren und kalten Saft trinken und uns ins Gras schmeißen. Freust Du Dich auch darauf?
Dein Bauer Sumsebum
ÉDITIONS DU DÉSASTRE
JONATHAN BECKER
HAGELBERGER STR. 10c
D-1000 BERLIN 61
GERMANY
PRINTED IN FRANCE
© 1991 GRÉGOIRE SOLOTAREFF / ÉDITIONS DU DÉSASTRE
21, RUE VISCONTI 75006 PARIS
SO02

Du liebe Fahrradeisenbahn,

hat es Dir in Amerika gefallen? Erinnerst Du Dich an Boston, Chicago und St. Louis? Weiß Du noch, wie Du im Park Ostereier gesucht hast? Und wie Mr. Rogers im Fernsehen Geschichten erzählt hat? Irgendwann fahren wir bestimmt nochmal nach Amerika

Dein Papa

Sonntagskonzert auf dem Stuttgarter Schloßplatz
Öl/Hinterglas von Frida Schittenhelm, Stuttgart

16.4.93

Du liebe Fahrradeisenbahn,
hat es Dir in Amerika gefallen? Erinnerst Du Dich an Boston, Chicago und St. Louis? Weißt Du noch, wie Du im Park Ostereier gesucht hast? Und wie Mr. Rogers im Fernsehen Geschichten erzählt hat? Irgendwann fahren wir bestimmt nochmal nach Amerika
Dein Papa

Air Mail

Lillian M.Gilbreth
USA 40c

Haus verschlossen
auf Klingeln nicht geöffnet
27. April 1993

Jonathan Becker
Hagelberger Str. 10c
D-1000 Berlin 61
~~Hagelb~~ Germany

18.6.93

Du liebe Gurkenzwiebel,
in wenigen Tagen hast Du Geburtstag, aber schon vorher komme ich nach Hause. Und ich hab Dir zum Geburtstag etwas so Tolles gekauft, daß der Elefant auf dem Bild vor Staunen umkippen wird. Hoffentlich nicht zur falschen Seite.
Bis gleich, Du liebe Nudel,
Küsse, Dein Papa

Johnny Becker
Hagelberger Str. 10c
1000 Berlin 61

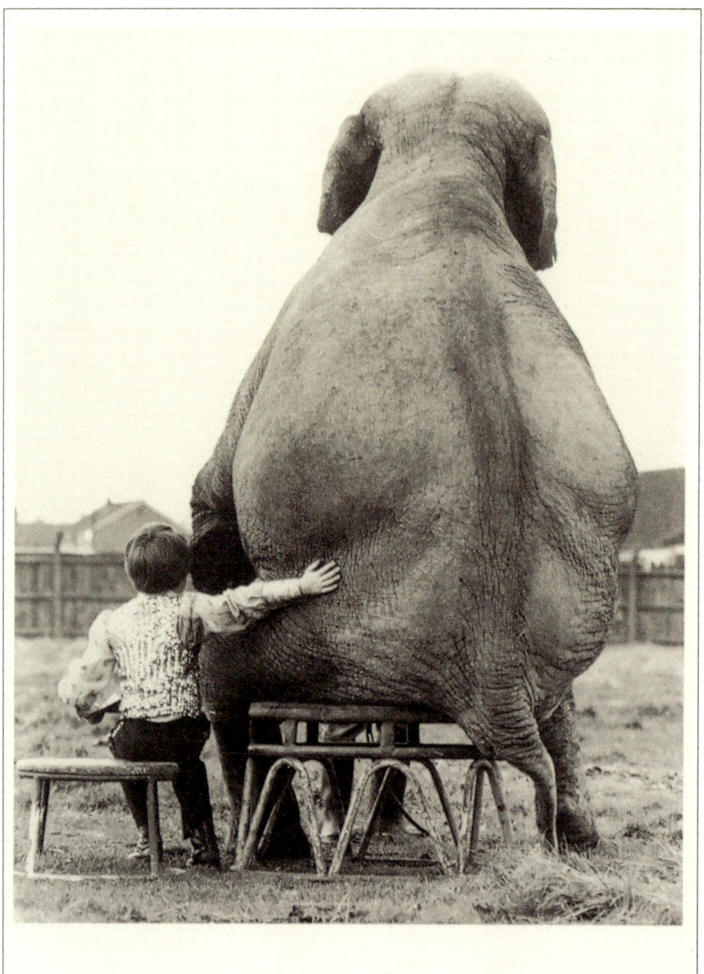

Du liebe Gurkenzwiebel,

in wenigen Tagen hast Du Geburtstag, aber schon vorher komme ich nach Hause.
Und ich hab Dir zum Geburtstag etwas so Tolles gekauft, daß der Elefant auf dem Bild vor Staunen umkippen wird. Hoffentlich nicht zur falschen Seite.
Bis gleich, Du liebe Nudel,
Küsse, Dein Papa

Du olles
Gummibärchen,

vorhin hat mich unser Gartenhase gefragt: Hast Du den Johnny diesmal nicht mitgebracht? Ich habe geantwortet: Nein, er muß in Berlin in den Kindergarten. Da ist er wieder in den Wald gehoppelt, ich glaube, er war sauer. Ich habe ihm hinterhergerufen, daß Du nächstesmal wieder mitkommst, hoffentlich hat er das gehört. Bis bald, mein lieber Hosenklops
Dein Papa

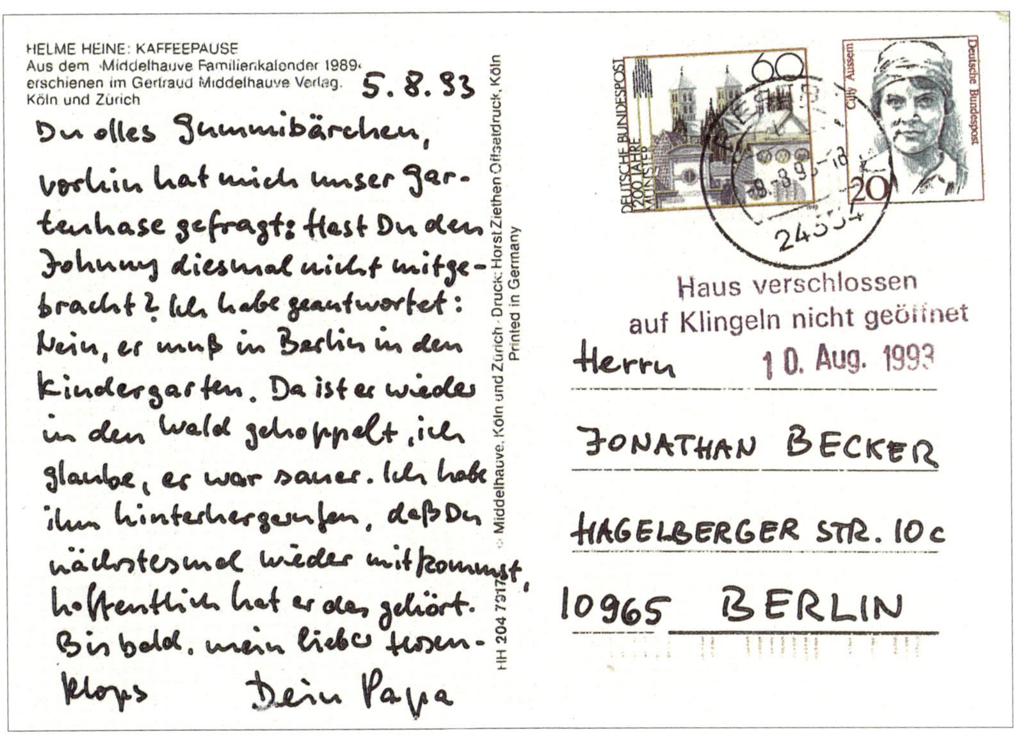

HELME HEINE: KAFFEEPAUSE
Aus dem ›Middelhauve Familienkalender 1989‹
erschienen im Gertraud Middelhauve Verlag.
Köln und Zürich

5.8.93

Du olles Gummibärchen,
vorhin hat mich unser Gartenhase gefragt: Hast Du den Johnny diesmal nicht mitgebracht? Ich habe geantwortet: Nein, er muß in Berlin in den Kindergarten. Da ist er wieder in den Wald gehoppelt, ich glaube, er war sauer. Ich habe ihm hinterhergerufen, daß Du nächstesmal wieder mitkommst, hoffentlich hat er das gehört.
Bis bald, mein lieber Hosenklops
Dein Papa

HH 204 73171 · Middelhauve. Köln und Zürich · Druck: Horst Ziethen Offsetdruck, Köln
Printed in Germany

Deutsche Bundespost 200 Jahre Münster 60
Cilly Aussem Deutsche Bundespost 20

Haus verschlossen
auf Klingeln nicht geöffnet
10. Aug. 1993

Herrn
JONATHAN BECKER
HAGELBERGER STR. 10c
10965 BERLIN

Meine liebe Aprikosenwurst,

gefällt es Dir im Kindergarten? Ich bin gespannt, was Du mir alles erzählen wirst. Die Störche hier haben mich gefragt, was der Johnny so im Kindergarten macht, und ich habe geantwortet: Ich weiß es selbst nicht, ich muß ihn erst fragen. Rufst Du mich an und erzählst mir alles?
Dein Jurekpapa

Karte im Original beschnitten

Hartung-Edition, Fax 04321/15133

Meine liebe Aprikosenwurst,

gefällt es Dir im Kindergarten? Ich bin gespannt, was Du mir alles erzählen wirst. Die Störche hier haben mich gefragt, was der Johnny so im Kindergarten macht, und ich habe geantwortet: Ich weiß es selbst nicht, ich muß ihn erst fragen. Rufst Du mich an und erzählst mir alles?

Dein
Jurekpapa

JOHNNY BECKER
HAGELBERGER S
1
10965 BERLI

Du liebe Bratkartoffel,

heute sind auf der Schlei zwei Enten zusammengestoßen. Sie haben fürchterlich gegackert. Die eine hat geschnattert – Ich hatte Vorfahrt! Und die andere – Nein, Ich! Das ging ewig so, bis es mir gereicht hat und ich laut in die Hände geklatscht habe. Da sind sie weitergeschwommen, aber wahrscheinlich haben sie nach der nächsten Schilfecke wieder angefangen zu streiten
Dein Papa aus Sieseby

JEAN DE BRUNHOFF
LE MANÈGE DE BABAR
(EXTRAIT DE *LE ROI BABAR*, 1933).

14.8.93

Du liebe Bratkartoffel.
heute sind auf der Schlei zwei Enten zusammengestoßen. Sie haben fürchterlich ~~gegt~~ gegackert. Die eine hat geschnattert – Ich hatte Vorfahrt! Und die andere – Nein, Ich! Das ging ewig so, bis es mir gereicht hat und ich laut in die Hände geklatscht habe. Da sind sie weitergeschwommen, aber wahrscheinlich haben sie nach der nächsten Schilfecke wieder angefangen zu streiten.
Dein Papa aus Sieseby

Johnny Becker
Hagelberger Str. 10c
10965 Berlin

PRINTED IN FRANCE BY UNION, PARIS
© 1988 LAURENT DE BRUNHOFF
ÉDITIONS DU DÉSASTRE
21, RUE VISCONTI 75006 PARIS
JB 15

Du oller
Mäusedetektiv,

vorhin hat es so geregnet, daß ich im Auto nichts mehr sehen konnte. Da habe ich angehalten und ein bißchen an meinen guten kuscheligen Johnny gedacht.
Dein Paps

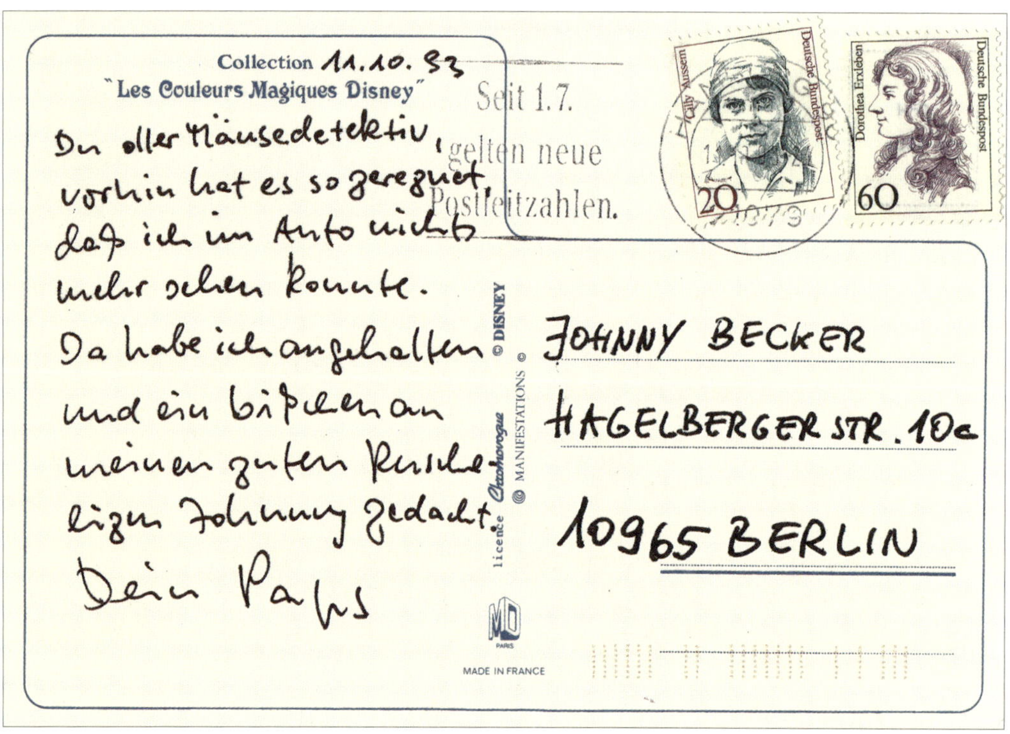

Du oller
Hasenmops,

heute habe ich gesehen, wie ein Feuerwehrauto vor einem Restaurant angehalten hat. Die Feuerwehrleute sind alle runtergesprungen und essen gegangen. Meine Güte, müssen die hungrig gewesen sein!
Einen dicken Kuß
von Deinem
Papa

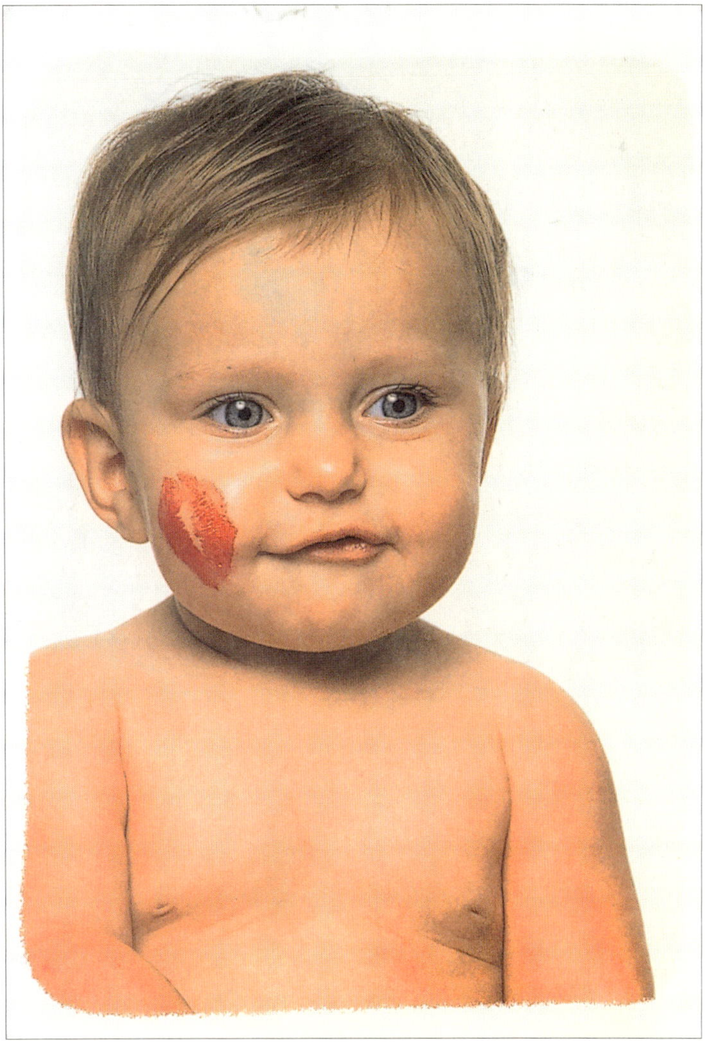

GROS BISOU
Photo Anne Nielsen

13.10.93

Du oller Hasenmops,
heute habe ich gesehen, wie ein Feuerwehrauto vor einem Restaurant angehalten hat. Die Feuerwehrleute sind alle runtergesprungen und essen gegangen. Meine Güte, müssen die hungrig gewesen sein!
Einen dicken Kuß
von Deinem –
Papa

Imprimé en France • PARIS • 43.49.22.66 • Droits réservés
COLORISSIMO

Infa '93
23.–31. Oktober
Messegelände
Hannover

Hannover
14.10.93
30159
Deutsche Bundespost
80

Johnny Becker
Hagelberger Str. 10c

10965 Berlin

00121

K 999

Kerzenhalter BLAULICHT
Candleholder BLUELIGHT
designed by KAIN KARAWAHN
produced by HARLEKIN ART Wiesbaden
erhältlich unter der Objektnummer KH 501
order # KH 501

©BrandSTIFTUNG SparFLAMMEN & DauerBRENNER Wiener Str.14 10999 BERLIN brennt
Tel 030/6119806 Fax 030/6114652

Clara Schumann
Deutsche Bundespost
80

15.10.93

Du alte Salamipizza,
heute hab ich ~~gehört~~ gesehen, wie eine Mama ihrem Sohn ausgepreßten Orangensaft zu trinken gegeben hat, und wie der Junge geschrien hat und ihn nicht trinken wollte. Da hab ich gedacht: So dumm ist mein Johnny nicht, der trinkt den Saft, weil er genau weiß, daß man davon gesundbleibt.
Einen Kuß von Deinem Kängurupapa

Johnny Becker
Hagelberger Str. 10c
10965 Berlin

Du alte Salamipizza,

heute hab ich gesehen, wie eine Mama ihrem Sohn ausgepreßten Orangensaft zu trinken gegeben hat, und wie der Junge geschrien hat und ihn nicht trinken wollte. Da hab ich gedacht: So dumm ist mein Johnny nicht, der trinkt den Saft, weil er genau weiß, daß man davon gesund bleibt.
Einen Kuß von Deinem Kängurupapa

Du liebe
Erdbeerbanane,

durch mein Hotelfenster höre ich einen Zug. Genau so einen wie den, mit dem Du nach Hamburg gefahren bist. Wenn ich wieder zu Hause bin, mußt Du mir genau erzählen, was Du alles erlebt hast.
Dein Papi

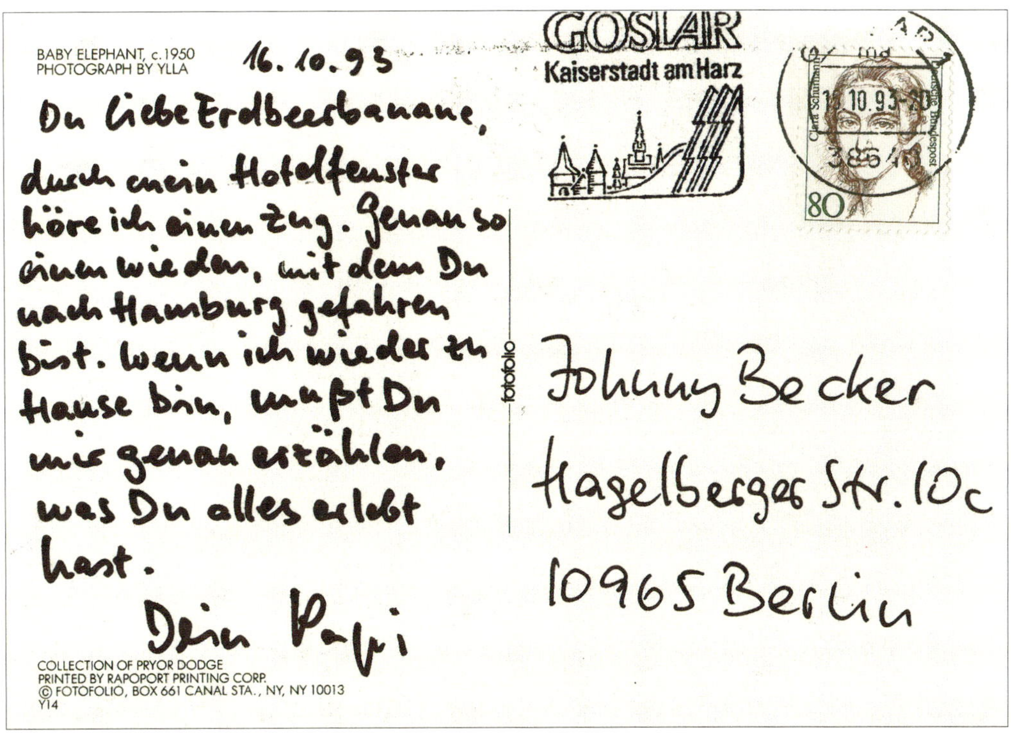
BABY ELEPHANT, c.1950
PHOTOGRAPH BY YLLA

16.10.93

Du liebe Erdbeerbanane,
durch mein Hotelfenster höre ich einen Zug. Genau so einen wie den, mit dem Du nach Hamburg gefahren bist. Wenn ich wieder zu Hause bin, mußt Du mir genau erzählen, was Du alles erlebt hast.

Dein Papi

GOSLAR
Kaiserstadt am Harz

Clara Schumann
Deutsche Bundespost
80

fotofolio

Johnny Becker
Hagelberger Str. 10c
10965 Berlin

COLLECTION OF PRYOR DODGE
PRINTED BY RAPOPORT PRINTING CORP.
© FOTOFOLIO, BOX 661 CANAL STA., NY, NY 10013
Y14

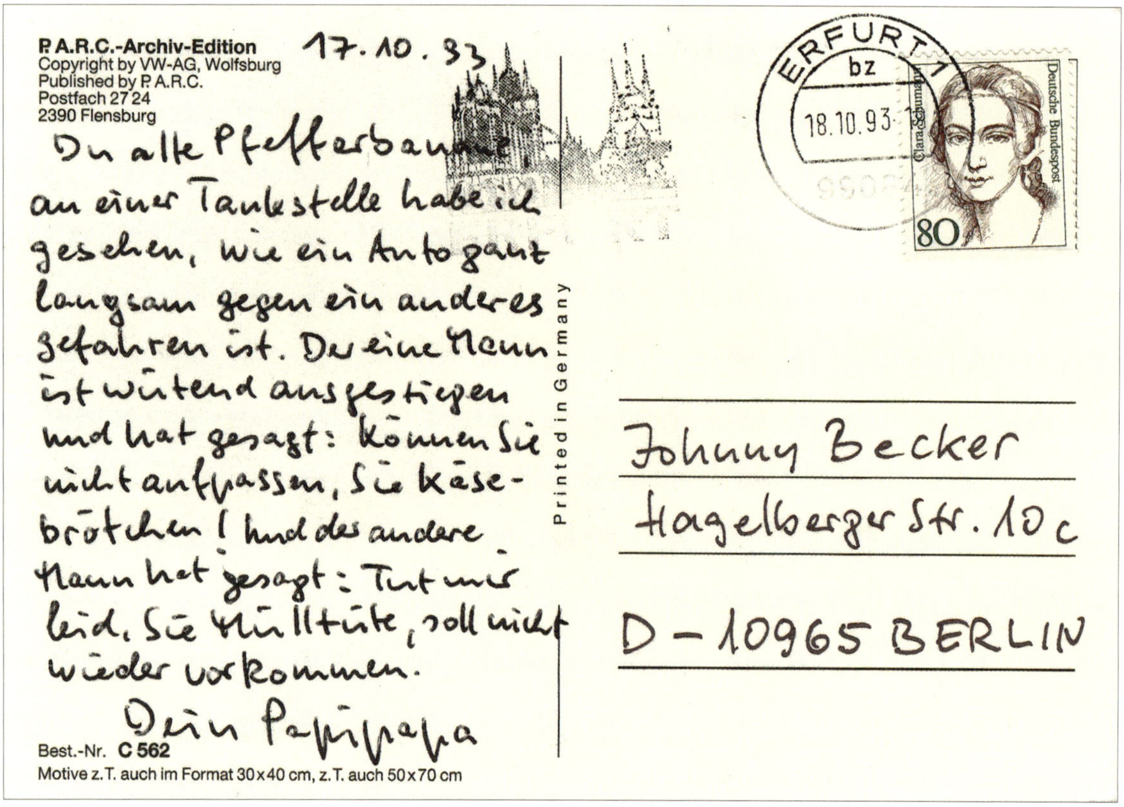

P.A.R.C.-Archiv-Edition
Copyright by VW-AG, Wolfsburg
Published by P.A.R.C.
Postfach 27 24
2390 Flensburg

17.10.93

Du alte Pfefferbanane
an einer Tankstelle habe ich
gesehen, wie ein Auto ganz
langsam gegen ein anderes
gefahren ist. Der eine Mann
ist wütend ausgestiegen
und hat gesagt: Können Sie
nicht aufpassen, Sie Käse-
brötchen! Und der andere
Mann hat gesagt: Tut mir
leid, Sie Mülltüte, soll nicht
wieder vorkommen.
Dein Papipapa

Best.-Nr. C 562
Motive z.T. auch im Format 30x40 cm, z.T. auch 50x70 cm

Printed in Germany

ERFURT 1
bz
18.10.93

Deutsche Bundespost
Clara Schumann
80

Johnny Becker
Hagelberger Str. 10c
D-10965 BERLIN

Du alte Pfefferbanane,

an einer Tankstelle habe ich gesehen, wie ein Auto
ganz langsam gegen ein anderes gefahren ist.
Der eine Mann ist wütend ausgestiegen und hat gesagt:
Können Sie nicht aufpassen, Sie Käsebrötchen!
Und der andere Mann hat gesagt: Tut mir leid,
Sie Mülltüte, soll nicht wieder vorkommen.
Dein Papipapa

Du liebe
Pfirsichgurke,

ich habe eine Frau
nach dem Weg zum
Bahnhof gefragt, und
weißt Du, was sie
geantwortet hat?
IMMER DER NASE
NACH. Ist das nicht
komisch?
Bis bald, mein
lieber Liebster
Dein Papa

LAURENT DE BRUNHOFF
LES BALLONS

18.10.93

Du liebe Pfirsichgurke
ich habe eine Frau nach
dem Weg zum Bahnhof
gefragt, und weißt Du,
was sie geantwortet
hat? IMMER DER NASE
NACH. Ist das nicht komisch?
Bis bald, mein lieber
Liebster
Dein Papa

ERFURT 1
bz
18.10.93-19
9908

Clara Schumann
Deutsche Bundespost
80

ÉDITIONS DU DÉSASTRE

Johnny Becker
Hagelberger Str. 10c
10965 Berlin

PRINTED IN FRANCE
BABAR CHARACTERS ™ & © 1991 L. de BRUNHOFF
ÉDITIONS DU DÉSASTRE
21, RUE VISCONTI 75006 PARIS
LB05

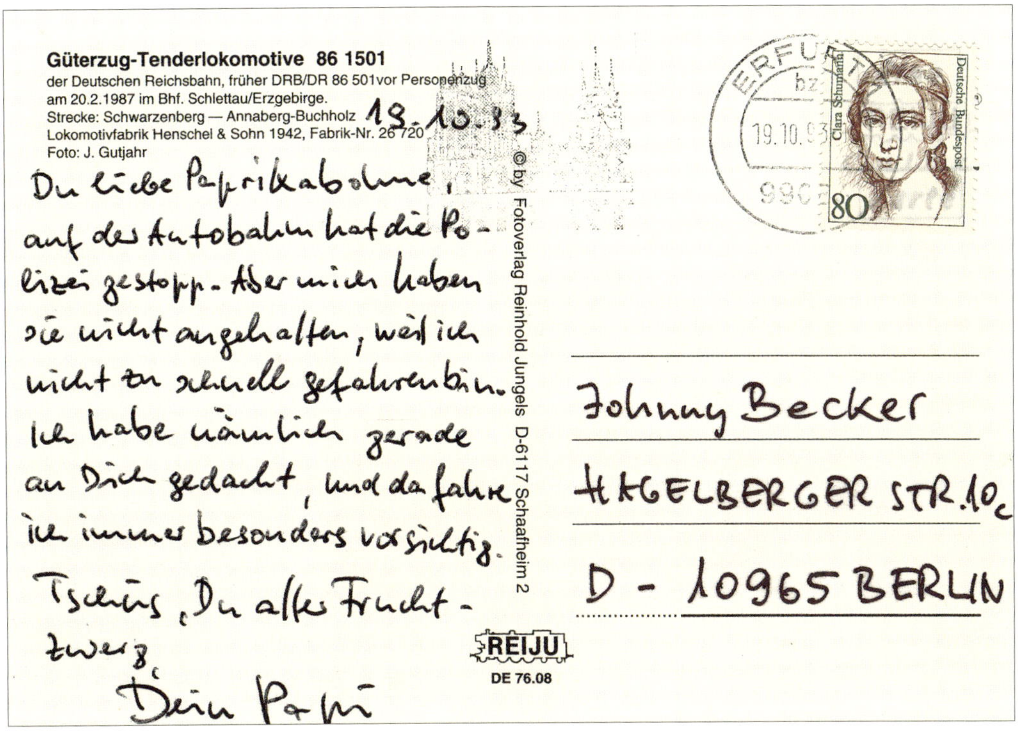
Güterzug-Tenderlokomotive 86 1501
der Deutschen Reichsbahn, früher DRB/DR 86 501vor Personenzug am 20.2.1987 im Bhf. Schlettau/Erzgebirge.
Strecke: Schwarzenberg — Annaberg-Buchholz
Lokomotivfabrik Henschel & Sohn 1942, Fabrik-Nr. 26 720
Foto: J. Gutjahr

19.10.93

Du liebe Paprikabohne,
auf der Autobahn hat die Polizei gestopp. Aber mich haben sie nicht angehalten, weil ich nicht zu schnell gefahren bin. Ich habe nämlich gerade an Dich gedacht, und da fahre ich immer besonders vorsichtig.
Tschüs, Du alter Fruchtzwerg,
Dein Papi

© by Fotoverlag Reinhold Jungels D-6117 Schaafheim 2

REIJU
DE 76.08

ERFURT
bz
19.10.93
990

Clara Schumann
Deutsche Bundespost
80

Johnny Becker
HAGELBERGER STR. 10c
D - 10965 BERLIN

Du liebe Paprikabohne,

auf der Autobahn hat die Polizei gestopp(t). Aber mich haben sie nicht angehalten, weil ich nicht zu schnell gefahren bin. Ich habe nämlich gerade an Dich gedacht, und da fahre ich immer besonders vorsichtig.
Tschüs, Du alter Fruchtzwerg,
Dein Papi

Du alter
Katzenmops,

gestern habe ich gesehen, wie ein Polizist die Straße langgerannt ist. Zuerst habe ich gedacht, daß er einen Verbrecher fangen wollte, aber das stimmte gar nicht. Der Polizist wollte nämlich einkaufen und mußte sich beeilen, weil der Supermarkt bald zumachte. Ist es nicht seltsam, daß auch Polizisten einkaufen müssen?
Dein Paps

Du alte
Fahrradantenne,

ich bin in einer Stadt, die Augsburg heißt, und es regnet wie verrückt. Alle Katzen haben sich in den Haustüren untergestellt und warten, daß der Regen endlich aufhört. Hast Du schon gewußt, daß Katzen wasserscheu sind?
Dein Papi

Souvenir de vacances
Photo Zefa

21.10.93

Du alte Fahrradantenne,
ich bin in einer Stadt, die Augsburg heißt, und es regnet wie verrückt. Alle Katzen haben sich in den Haustüren unter-gestellt und warten, daß der Regen endlich aufhört. Hast Du schon gewußt, daß Katzen wasserscheu sind?

Dein Papi

Feeling
© Editions et Impressions Combier Mâcon

AUGSBURG
GEBURTSORT DES DIESELMOTORS
Diesel
1993

Clara Schumann
Deutsche Bundespost
80

Jonathan Becker
Hagelberger Str. 10c
10965 Berlin

Printed in France

Du lieber Fruchtzwerg,

ich bin in einer Stadt, die heißt Baden-Baden. Dort muß jeder an jedem Tag baden und dann nochmal baden. Sei bloß froh, daß Du nicht in Baden-Baden wohnst. Bis gleich, Dein Papi

22.10.93

Du lieber Fruchtzwerg,

ich bin in einer Stadt, die heißt Baden-Baden. Dort muß jeder an jedem Tag baden und dann nochmal baden. Sei bloß froh, daß Du nicht in Baden-Baden wohnst.

Bis gleich,

Dein Papi

Giraffe (Giraffa camelopardalis)
Mit 5,80 Metern Scheitelhöhe höchstes heute lebendes Tier. Als Baumlaubfresser bewohnt sie, gebietsweise leider bereits ausgerottet, die afrikanische Buschsavanne. Das abgebildete Jungtier ist 14 Wochen alt. Höchstalter über 36 Jahre.

Aufnahme/Copyright: Zoo-Foto E. Müller
6000 Frankfurt/Main Tel. 069/447001

THÜRINGER ZOOPARK ERFURT

Seit 1.7. gelten neue Postleitzahlen.

DBP 80
DEUTSCHE BUNDESPOST

BADEN-BADEN
76530

JONATHAN BECKER
HAGELBERGER STR. 10 c
10965 BERLIN

328-013 25.10.93

Walt Disney's FANTASIA

Du liebe Apfelnudel,
ich finde einfach keinen Empörungswagen. Quatsch! – ich meine einen Verblödungswagen. Quatsch! – ich meine natürlich einen Zerstörungswagen! Oder wie heißt dieses Ding?
Dein Papa

Published by Classico San Francisco, Inc.
© The Walt Disney Company.

DBP **80
DEUTSCHE BUNDESPOST
TÜBINGEN 26.10.93-21 72072

JOHNNY BECKER
HAGELBERGER STR.10c
10965 BERLIN

MADE IN THE U.S.A.

Du liebe Apfelnudel,

ich finde einfach keinen Empörungswagen. Quatsch! – ich meine einen Verblödungswagen. Quatsch! – ich meine natürlich einen Zerstörungswagen! Oder wie heißt dieses Ding?
Dein Papa

Du alte Ananasbirne,

in der Schweiz haben alle Kinder einen langen Bart, und alle Pferde haben ein(en) Propeller, und alle Polizisten lutschen Eis, und alle Postboten fahren mit dem Roller. Das ist natürlich alles Quatsch, aber wär das nicht lustig? Und die Autos müßten nicht Benzin tanken, sondern Tomatensaft.
Dein Papi

Du liebe Feuerwehrlokomotive,

die Schweiz ist wirklich ein seltsames Land. Vor meinem Hotel wohnt eine Katze, und die hat die ganze Nacht gebellt. Kannst Du das glauben?
Viele Küßchen von Deinen Papa

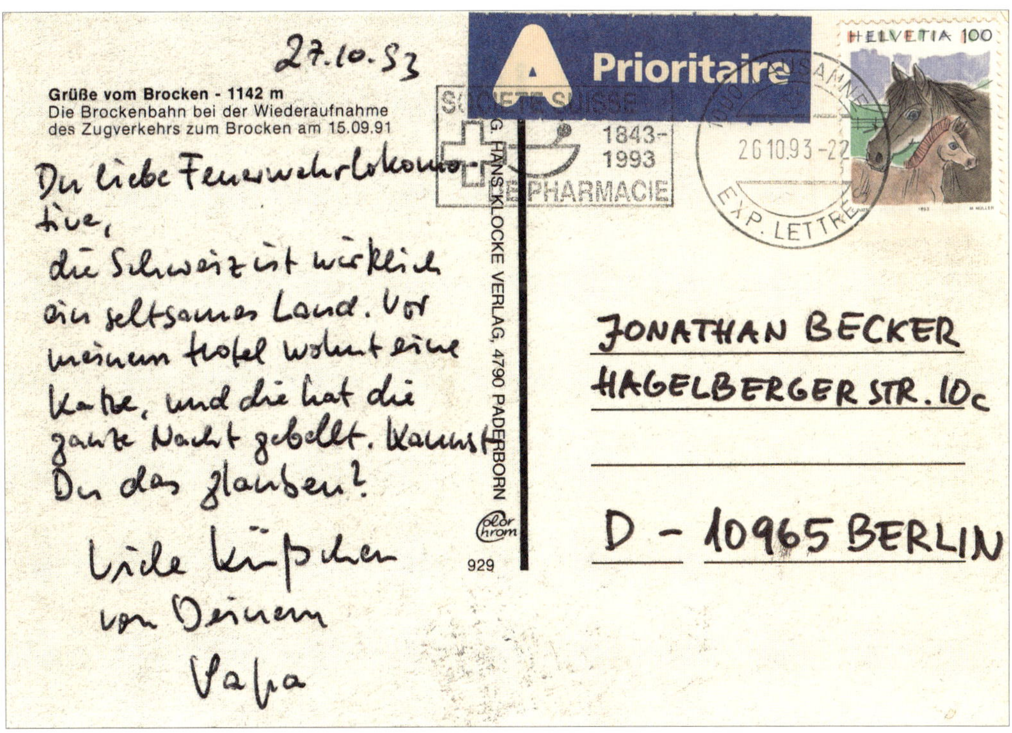
27.10.93

Grüße vom Brocken - 1142 m
Die Brockenbahn bei der Wiederaufnahme des Zugverkehrs zum Brocken am 15.09.91

Du liebe Feuerwehrlokomo-tive,
die Schweiz ist wirklich ein seltsames Land. Vor meinem Hotel wohnt eine Katze, und die hat die ganze Nacht gebellt. Kannst Du das glauben?
Viele Küßchen von Deinem Papa

Prioritaire

SOCIETE SUISSE 1843-1993 DE PHARMACIE

26.10.93-22

EXP. LETTRE

HELVETIA 100

G. HANS KLOCKE VERLAG, 4790 PADERBORN

929

JONATHAN BECKER
HAGELBERGER STR. 10c

D - 10965 BERLIN

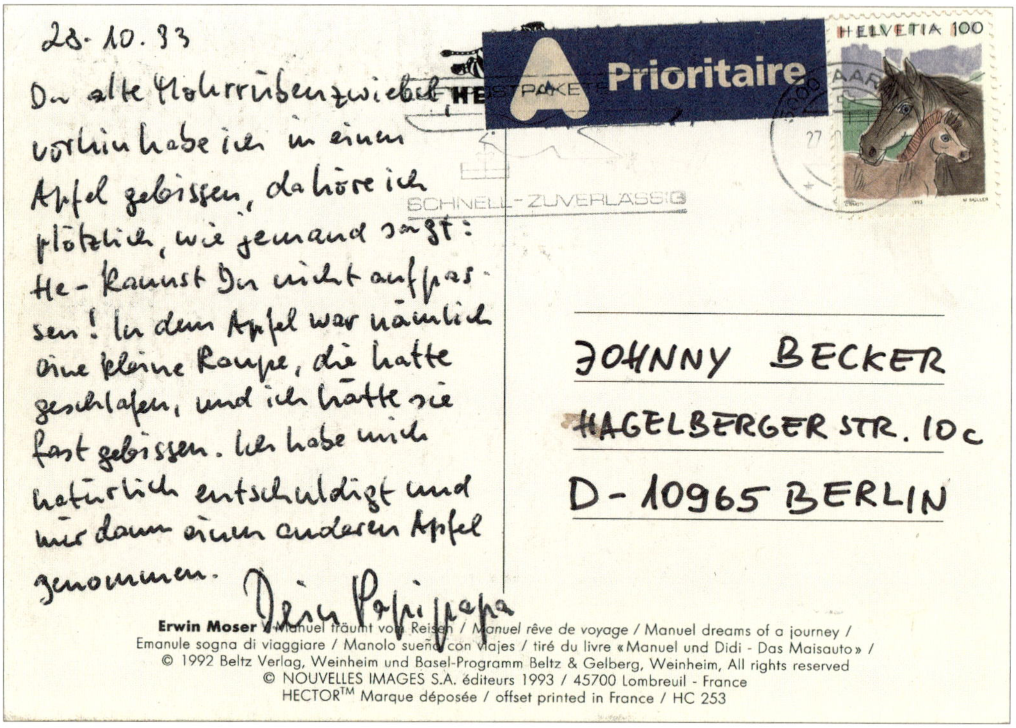
28. 10. 93
Du alte Mohrrübenzwiebel
vorhin habe ich in einen
Apfel gebissen, da höre ich
plötzlich, wie jemand sagt:
He – Kannst Du nicht aufpas-
sen! In dem Apfel war nämlich
eine kleine Raupe, die hatte
geschlafen, und ich hätte sie
fast gebissen. Ich habe mich
natürlich entschuldigt und
mir dann einen anderen Apfel
genommen.
Dein Papipapa

Prioritaire
HELVETIA 100
SCHNELL-ZUVERLÄSSIG

JOHNNY BECKER
HAGELBERGER STR. 10c
D-10965 BERLIN

Erwin Moser / Manuel träumt vom Reisen / Manuel rêve de voyage / Manuel dreams of a journey /
Emanule sogna di viaggiare / Manolo sueña con viajes / tiré du livre «Manuel und Didi - Das Maisauto» /
© 1992 Beltz Verlag, Weinheim und Basel-Programm Beltz & Gelberg, Weinheim, All rights reserved
© NOUVELLES IMAGES S.A. éditeurs 1993 / 45700 Lombreuil - France
HECTOR™ Marque déposée / offset printed in France / HC 253

Du alte Mohrrübenzwiebel,

vorhin habe ich in einen Apfel gebissen, da höre ich plötzlich, wie jemand sagt: He – kannst Du nicht aufpassen! In dem Apfel war nämlich eine kleine Raupe, die hatte geschlafen, und ich hätte sie fast gebissen. Ich habe mich natürlich entschuldigt und mir dann einen anderen Apfel genommen.
Dein Papipapa

Du olle Milchgurke,

hier in der Schweiz war ich in jedem Spielzeugladen, und überall hab ich nach einem Entstörungswagen gefragt. Aber es gibt einfach keinen. Wenn Du später mal in die Schweiz fährst, kannst Du es ja selbst versuchen.
Dein Jurekpapa

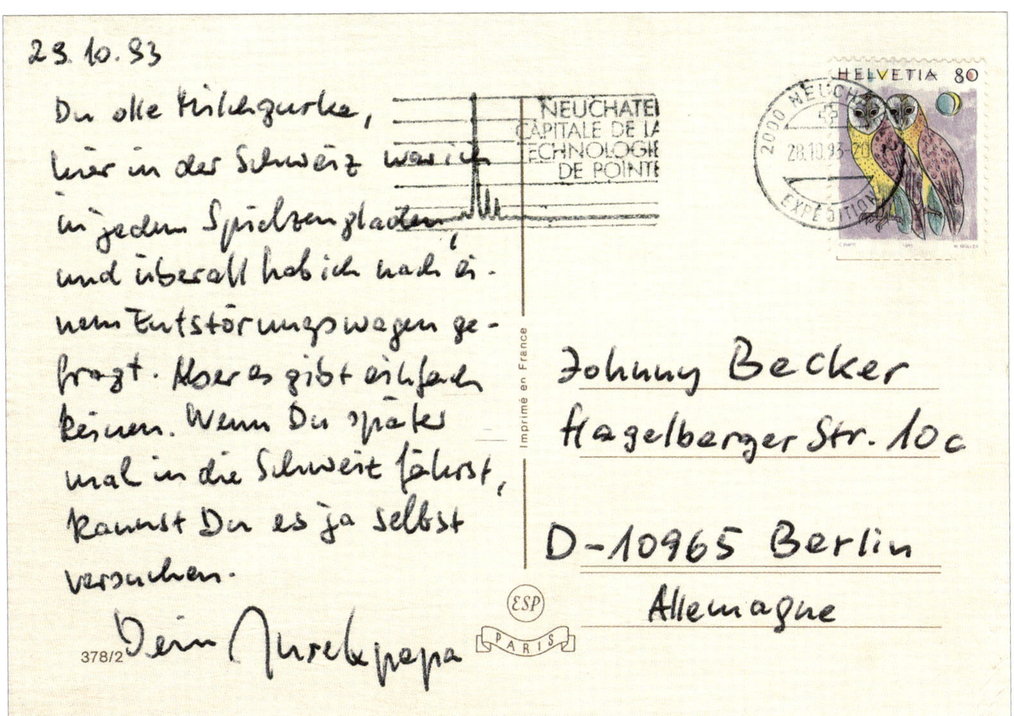

28.10.93

Du olle Milchgurke,
hier in der Schweiz war ich
in jedem Spielzeugladen,
und überall hab ich nach ei-
nem Entstörungswagen ge-
fragt. Aber es gibt einfach
keinen. Wenn Du später
mal in die Schweiz fährst,
kannst Du es ja selbst
versuchen.
Dein Jurekpapa

378/2

NEUCHATEL
CAPITALE DE LA
TECHNOLOGIE
DE POINTE

HELVETIA 80

2000 NEUCHÂTEL
28.10.93-20
EXPÉDITION

Imprimé en France

Johnny Becker
Hagelberger Str. 10c
D-10965 Berlin
Allemagne

ESP
PARIS

28.11.93
Du lieber Hühnerprinz,
Indien ist voller Elefanten aber ich habe noch keinen einzigen gesehen. Das ist aber gar nicht schlimm, viel schlimmer ist, daß ich Dich so lange nicht sehe. Ich glaube, wenn ich komme und Dich umarme, dann lasse ich Dich nie wieder los. Dein Affenpapa

Aufnahme, Copyright: Zoo-Foto E. Müller
6000 Frankfurt/Main Tel. 069/44 70 01

Afrikanischer Elefant
(Loxodonta africana)
Mit 3 bis 6 Tonnen schwerstes Landsäugetier der Erde, das sich durch seine großen Ohren leicht vom Asiatischen Elefanten unterscheidet. Sein Vorkommen ist heute vielfach auf afrikanische Nationalparks beschränkt. Höchstalter 48 Jahre.

THÜRINGER ZOOPARK ERFURT

PAPA-SÖHNCHEN-POST

MASTER
JOHNNY BECKER
RIEHMERS HOFGARTEN
BERLIN-GERMANY

Du lieber Hühnerprinz,

Indien ist voller Elefanten, aber ich habe noch keinen einzigen gesehen. Das ist aber gar nicht schlimm, viel schlimmer ist, daß ich Dich so lange nicht sehe. Ich glaube, wenn ich komme und Dich umarme, dann lasse ich Dich nie wieder los.
Dein Affenpapa

Du lieber
Gänsebraten,

stell Dir vor, hier in
Indien laufen die Kühe
mitten auf der Straße
herum. Und wenn
die Autofahrer hupen,
dann strecken die
Kühe ihnen die Zunge
(r)aus, legen sich hin
und schlafen.
Bis bald, mein
Liebster, Dein Papa

JEAN DE BRUNHOFF
UN CONCERT POUR BABAR
(EXTRAIT DE *LE ROI BABAR*, 1933).

1.12.93, Delhi

Du lieber Gänsebraten,
stell Dir vor, hier in Indien
laufen die Kühe mitten
auf der Straße herum. Und
wenn die Autofahrer hupen
dann strecken die Kühe
ihnen die Zunge(r)aus,
legen sich hin und
schlafen. Bis bald, mein
Liebster, Dein Papa

ÉDITIONS DU DÉSASTRE

भारत INDIA 6.00
1992

JOHNNY BECKER
HAGELBERGER STR. 10c
D-10965 BERLIN

GERMANY

PRINTED IN FRANCE
© 1988 LAURENT DE BRUNHOFF
ÉDITIONS DU DÉSASTRE
21, RUE VISCONTI 75006 PARIS
JB 16

Lahore, 6.12.93

Du alter Müslikeks,

da, wo ich jetzt bin, gibt es viele Kamele und viele Esel und viele Elefanten und viele Papageien und keinen einzigen Johnny. Deswegen komme ich ganz schnell zurück, sonst wäre ich noch etwas länger geblieben.

Dein Papa

JOHNNY BECKER

HAGELBERGER STR. 10c

10965 BERLIN

GERMANY

Du alter Müslikeks,

da, wo ich jetzt bin, gibt es viele Kamele und viele Esel und viele Elefanten und viele Papageien und keinen einzigen Johnny. Deswegen komme ich ganz schnell zurück, sonst wäre ich noch etwas länger geblieben.
Dein Papa

Du alter Piratenkapitän,

stell Dir vor, heute früh bin ich ganz leise aufgestanden, bin runtergegangen, hab eine Flasche Kakao gemacht und wollte sie in Dein Zimmer bringen. Da erst hab ich gemerkt, daß Du gar nicht mehr hier bist. Findest Du das traurig oder komisch?
Dein Papa

Mehmet Sönmez
Veli Bar/BODRUM

13.2.94

Du alter Piratenkapitän,
stell Dir vor, heute früh bin ich ganz leise aufgestanden, bin runtergegangen, hab eine Flasche Kakao gemacht und wollte sie in Dein Zimmer bringen. Da erst hab ich gemerkt, daß Du gar nicht mehr hier bist. Findest Du das traurig oder komisch?

Dein Papa

Deutsche Bundespost
Clara Schumann
80

15.-2.94-13

JOHNNY BECKER
HAGELBERGER STR. 10c
10965 BERLIN

Reyo Basimevi
0084
İsteme Adresi: P.K. 120/Bodrum

Du alter Detektiv,

weißt Du eigentlich,
daß Detektive sich alles
ganz genau ansehen?
Dann überlegen sie,
dann kucken sie noch
mal, dann wissen sie
Bescheid und fangen
den Verbrecher.
Hast Du beim Fasching
auch alle Verbrecher
gefangen?
Dein Papi

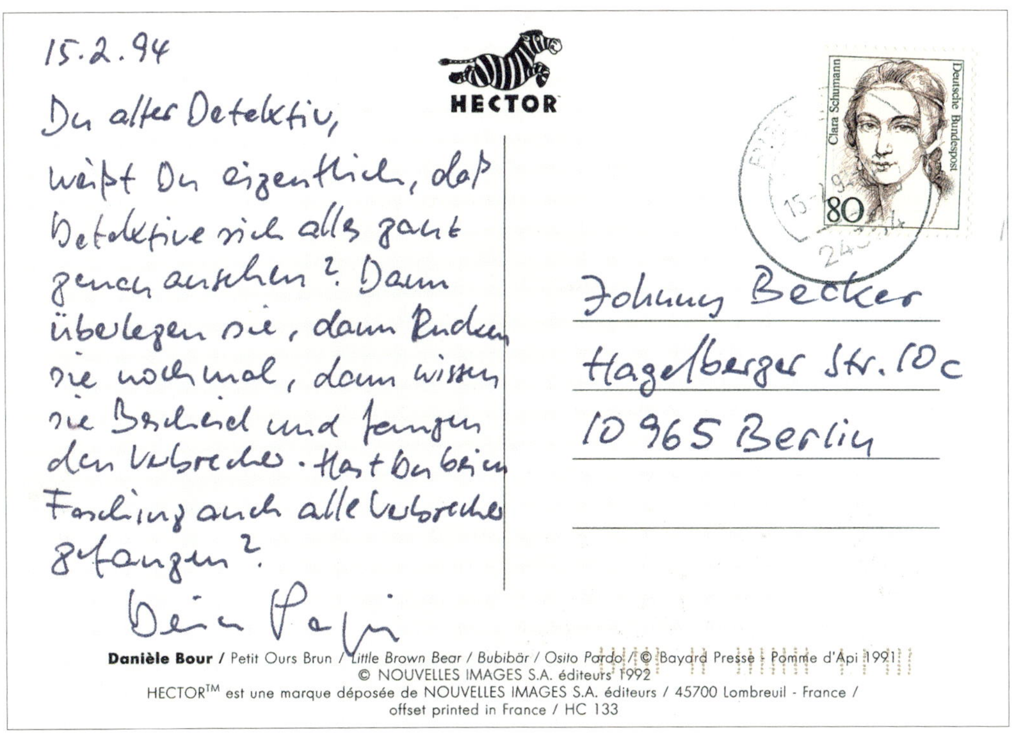

15.2.94

Du alter Detektiv,

weißt Du eigentlich, daß Detektive sich alles ganz genau ansehen? Dann überlegen sie, dann kucken sie nochmal, dann wissen sie Bescheid und fangen den Verbrecher. Hast Du beim Fasching auch alle Verbrecher gefangen?

Dein Papi

HECTOR

Clara Schumann
Deutsche Bundespost
80

Johnny Becker
Hagelberger Str. 10c
10965 Berlin

Danièle Bour / Petit Ours Brun / *Little Brown Bear* / *Bubibär* / *Osito Pardo* / © Bayard Presse - Pomme d'Api 1991
© NOUVELLES IMAGES S.A. éditeurs 1992
HECTOR™ est une marque déposée de NOUVELLES IMAGES S.A. éditeurs / 45700 Lombreuil - France /
offset printed in France / HC 133

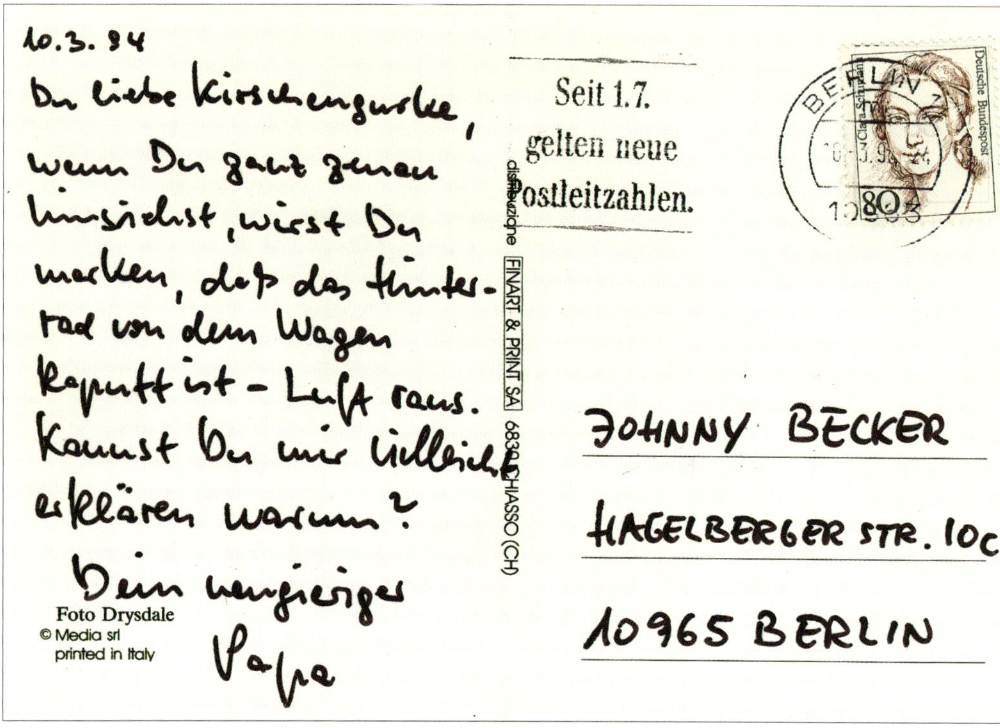
10.3.94

Du liebe Kirschengurke,
wenn Du ganz genau
hinsiehst, wirst Du
merken, daß das Hinter-
rad von dem Wagen
kaputt ist – Luft raus.
Kannst Du mir vielleicht
erklären warum?
Dein neugieriger
Papa

Seit 1.7.
gelten neue
Postleitzahlen.

distribuzione FINART & PRINT SA 6830 CHIASSO (CH)

Foto Drysdale
© Media srl
printed in Italy

Deutsche Bundespost
80

JOHNNY BECKER
HAGELBERGER STR. 10c
10965 BERLIN

Du liebe Kirschengurke,

wenn Du ganz genau hinsiehst, wirst Du merken, daß das Hinterrad von dem Wagen kaputt ist – Luft raus. Kannst Du mir vielleicht erklären warum?
Dein neugieriger Papa

Du alter Fliegenpilz,

hier in Sieseby fragen mich alle: Wo ist denn der Johnny? Der Frau Wohlsen habe ich gesagt, der Johnny ist Piratenhauptmann geworden und ist mit seinem Piratenschiff unterwegs. Aber es ist möglich, daß sie mir das nicht ganz geglaubt hat.
Dein Piratenpapa

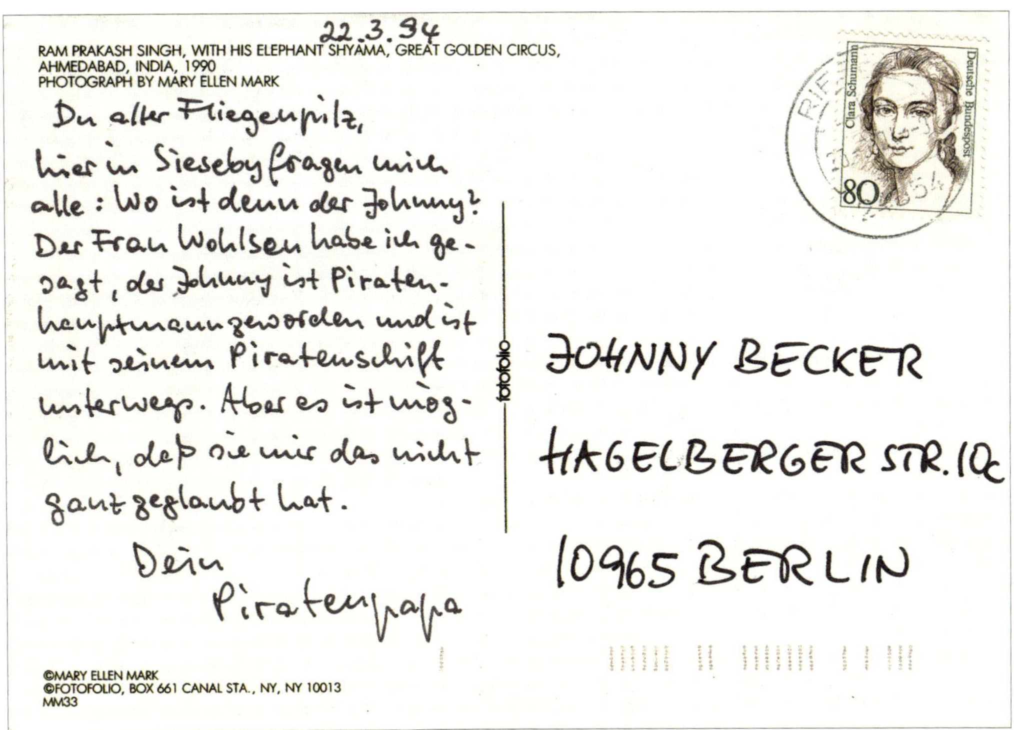
22.3.94

RAM PRAKASH SINGH, WITH HIS ELEPHANT SHYAMA, GREAT GOLDEN CIRCUS,
AHMEDABAD, INDIA, 1990
PHOTOGRAPH BY MARY ELLEN MARK

Du alter Fliegenpilz,
hier in Sieseby fragen mich alle: Wo ist denn der Johnny? Der Frau Wohlsen habe ich gesagt, der Johnny ist Piratenhauptmann geworden und ist mit seinem Piratenschiff unterwegs. Aber es ist möglich, daß sie mir das nicht ganz geglaubt hat.

Dein
Piratenpapa

fotofolio

JOHNNY BECKER
HAGELBERGER STR. 10c
10965 BERLIN

Clara Schumann
Deutsche Bundespost
80

©MARY ELLEN MARK
©FOTOFOLIO, BOX 661 CANAL STA., NY, NY 10013
MM33

Du liebes Giraffenzebra,

hast Du schon mal so einen Quatsch gesehen? Hinten hängen sie am Auto dran, vorne hängen sie dran, oben stehen sie drauf! Und was ist das überhaupt für eine seltsame Karre? Können die sich nicht ein normales Auto kaufen wie normale Leute, zum Beispiel einen Trabicedes?
Dein Papa

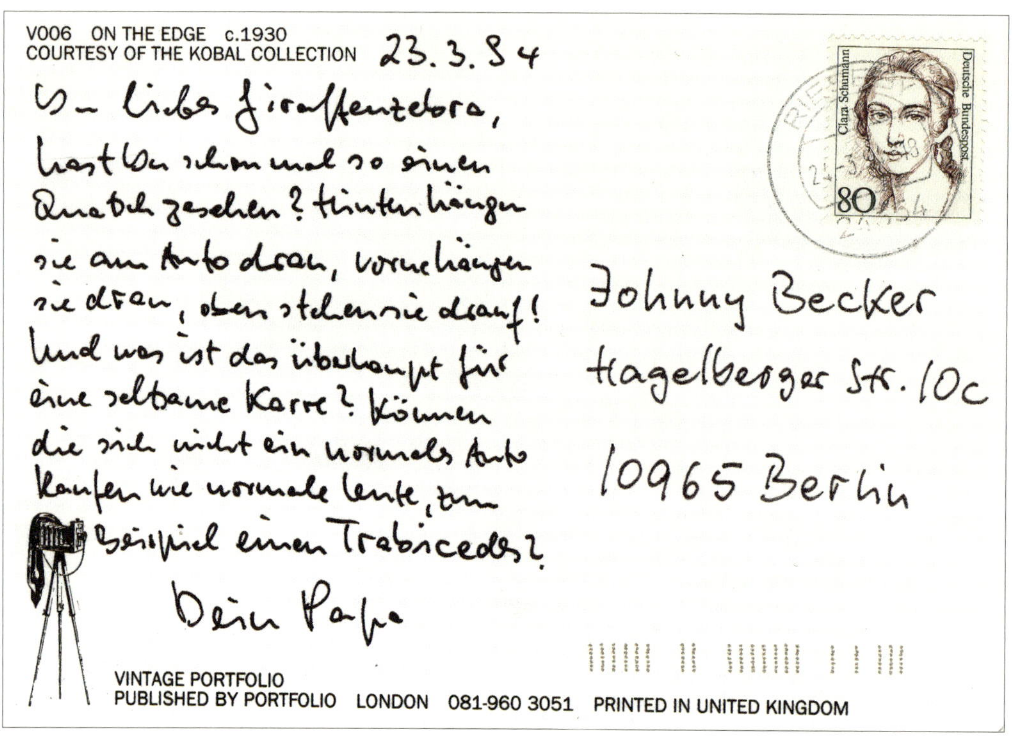
V006 ON THE EDGE c.1930
COURTESY OF THE KOBAL COLLECTION

23.3.94

Du liebes Giraffenzebra,
hast Du schon mal so einen Quatsch gesehen? Hinten hängen sie am Auto dran, vorne hängen sie dran, oben stehen sie drauf! Und was ist das überhaupt für eine seltsame Karre? Können die sich nicht ein normales Auto kaufen wie normale Leute, zum Beispiel einen Trabicedes?
Dein Papa

Clara Schumann
Deutsche Bundespost
80

Johnny Becker
Hagelberger Str. 10c
10965 Berlin

VINTAGE PORTFOLIO
PUBLISHED BY PORTFOLIO LONDON 081-960 3051 PRINTED IN UNITED KINGDOM

30.3.94

Du alter Kartoffelpuffer,
heute früh hab ich den Weihnachts-
mann in unserem Garten gesehen.
Ich hab ihn gefragt: Was machen
SIE denn hier?! Er hat geantwor-
tet: Ich will die Geschenke verstecken.
Da hab ich gesagt: Mann, jetzt ist
nicht Weihnachten, sondern Ostern!
Da hat er sich an den Kopf gefaßt
und gesagt: Entschuldigung, ich
hab das verwechselt, ist mir sehr
peinlich, ich werde langsam alt.
Und dann ist er wieder abgehauen.

Dein Papa

Johnny Becker
Pastoratsweg 16
24351 Sieseby

CASIMIR MALEVICH
Les Enfants - *Children*
Musée Pouchkine, Moscou
Éditions Hazan, Paris 2327

Du alter Kartoffelpuffer,

heute früh hab ich den Weihnachtsmann in unserem Garten gesehen. Ich hab ihn gefragt: Was machen SIE denn hier?! Er hat geantwortet: Ich will die Geschenke verstecken. Da hab ich gesagt: Mann, jetzt ist nicht Weihnachten, sondern Ostern! Da hat er sich an den Kopf gefaßt und gesagt: Entschuldigung, ich hab das verwechselt, ist mir sehr peinlich, ich werde langsam alt. Und dann ist er wieder abgehauen.
Dein Papa

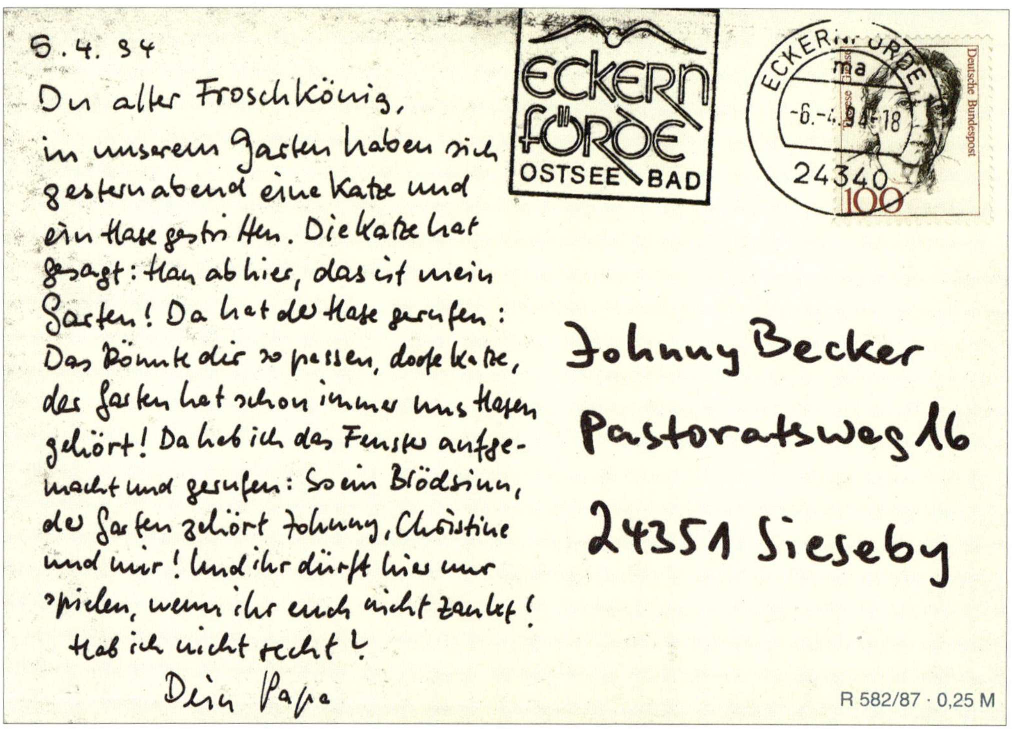
5.4.94
Du alter Froschkönig,
in unserem Garten haben sich
gestern abend eine Katze und
ein Hase gestritten. Die Katze hat
gesagt: Hau ab hier, das ist mein
Garten! Da hat der Hase gerufen:
Das könnte dir so passen, doofe Katze,
der Garten hat schon immer uns Hasen
gehört! Da hab ich das Fenster aufge-
macht und gerufen: So ein Blödsinn,
der Garten gehört Johnny, Christine
und mir! Und ihr dürft hier nur
spielen, wenn ihr euch nicht zankt!
Hab ich nicht recht?
Dein Papa

ECKERNFÖRDE OSTSEEBAD

ECKERNFÖRDE ma -6.-4.94-18 24340

Deutsche Bundespost 100

Johnny Becker
Pastoratsweg 16
24351 Sieseby

R 582/87 · 0,25 M

Du alter Froschkönig,

in unserem Garten haben sich gestern abend eine Katze und ein Hase gestritten. Die Katze hat gesagt: Hau ab hier, das ist mein Garten! Da hat der Hase gerufen: Das könnte dir so passen, doofe Katze, der Garten hat schon immer uns Hasen gehört! Da hab ich das Fenster aufgemacht und gerufen: So ein Blödsinn, der Garten gehört Johnny, Christine und mir! Und ihr dürft hier nur spielen, wenn ihr euch nicht zankt! Hab ich nicht recht? Dein Papa

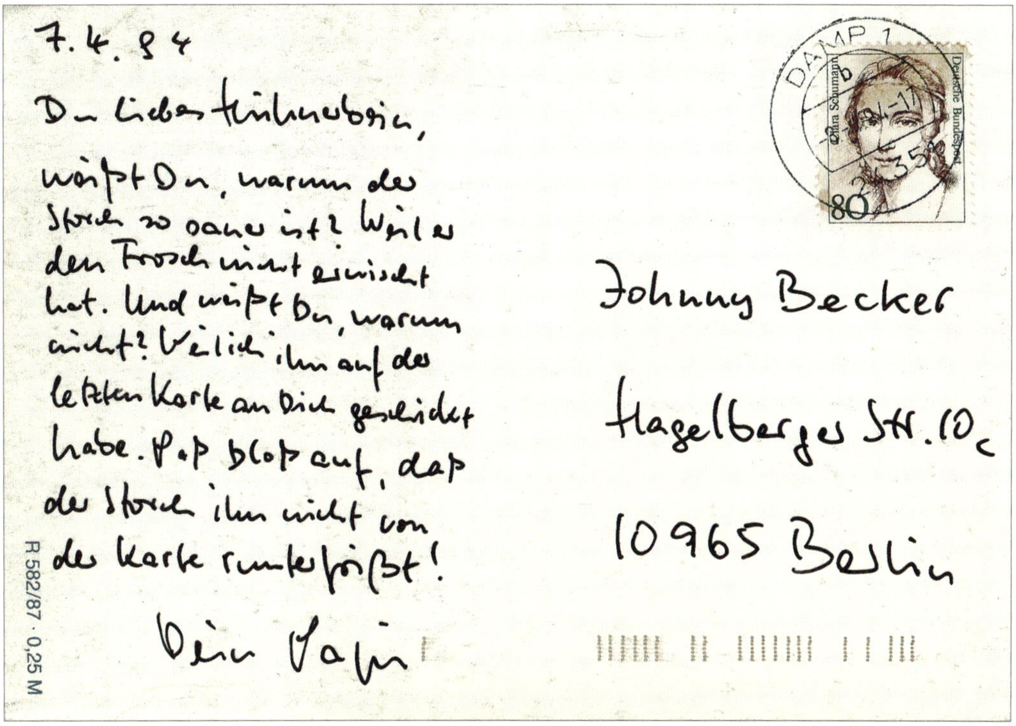

7.4.94

Du liebes Hühnerbein,

weißt Du, warum der Storch so sauer ist? Weil er den Frosch nicht erwischt hat. Und weißt Du, warum nicht? Weil ich ihn auf der letzten Karte an Dich geschickt habe. Paß bloß auf, daß der Storch ihn nicht von der Karte runterfrißt!

Dein Papi

Johnny Becker

Hagelberger Str. 10c

10965 Berlin

R 582/87 · 0,25 M

Du liebes
Hühnerbein,

weißt Du, warum der Storch so sauer ist? Weil er den Frosch nicht erwischt hat. Und weißt Du, warum nicht? Weil ich ihn auf der letzten Karte an Dich geschickt habe.
Paß bloß auf, daß der Storch ihn nicht von der Karte runterfrißt!
Dein Papi

Du alter Kullerpfirsich,

weißt Du, was der indische Mann auf der Postkarte macht? Er spielt Flöte, bis sich die Schlange, die in dem Korb liegt, steil aufrichtet. Wenn Du willst, können wir das auch mal versuchen: Ich lege die Mami in den Wäschekorb, Du spielst Flöte, und dann wollen wir sehen, was sie tut. Aber wahrscheinlich sagt sie, das ist eine ganz doofe Idee.
Dein Papa

Du alter
Kaninchenfrosch,

hast Du schon mal so einen blöden Lokführer gesehen? Wieso hat der nicht rechtzeitig gebremst. Hat er vielleicht geglaubt, daß er ein Pilot ist und daß eine Lokomotive fliegen kann? Na, im Gefängnis hat er viel Zeit, darüber mal nachzudenken.
Dein Papa

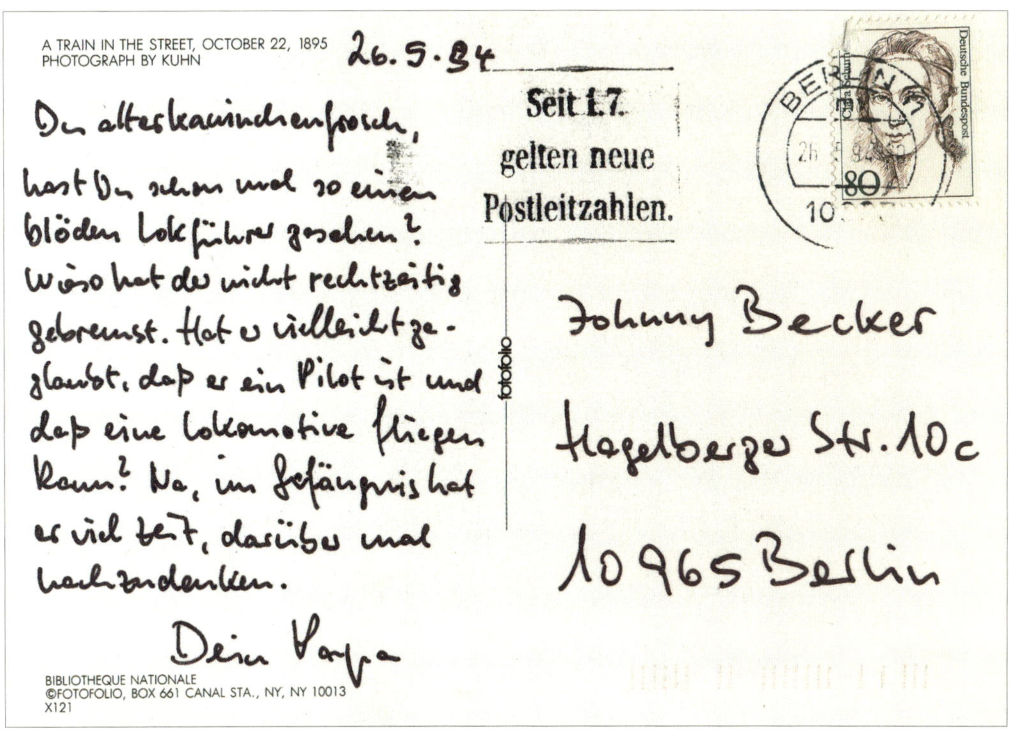

A TRAIN IN THE STREET, OCTOBER 22, 1895
PHOTOGRAPH BY KUHN

26.5.94

Du alter Kaninchenfrosch,
hast Du schon mal so einen blöden Lokführer gesehen? Wieso hat der nicht rechtzeitig gebremst. Hat er vielleicht geglaubt, daß er ein Pilot ist und daß eine Lokomotive fliegen kann? Na, im Gefängnis hat er viel Zeit, darüber mal nachzudenken.

Dein Papa

BIBLIOTHEQUE NATIONALE
©FOTOFOLIO, BOX 661 CANAL STA., NY, NY 10013
X121

fotofolio

Seit 1.7.
gelten neue
Postleitzahlen.

Deutsche Bundespost
80

BERLIN

Johnny Becker
Hagelberger Str. 10c
10965 Berlin

VE 030 © Drysdale/Voller Ernst
Komm Dicker

10.6.94

Du alter Radieschenfloh,
heute früh hast Du zu mir gesagt, ich soll Dir Deine Milch holen. Da bin ich aufgestanden, habe in der Küche Kakao gemacht und bin in Dein Zimmer gegangen. Da hab ich gemerkt, daß ich alles nur geträumt hatte, und dann habe ich den Kakao selbst getrunken.

Dein Papa

VOLLER ERNST Innsbrucker Str. 37 1000 Berlin 62 Telefon 030/78 63 99

JOHNNY BECKER
c/o Harsch-Niemeyer
68, rue de la Giscle

F-83360 PORT GRIMAUD

Du alter
Radieschenfloh,

heute früh hast Du zu
mir gesagt, ich soll
Dir Deine Milch holen.
Da bin ich aufgestan-
den, habe in der
Küche Kakao gemacht
und bin in Dein
Zimmer gegangen.
Da hab ich gemerkt,
daß ich alles nur ge-
träumt hatte, und dann
habe ich den Kakao
selbst getrunken.
Dein Papa

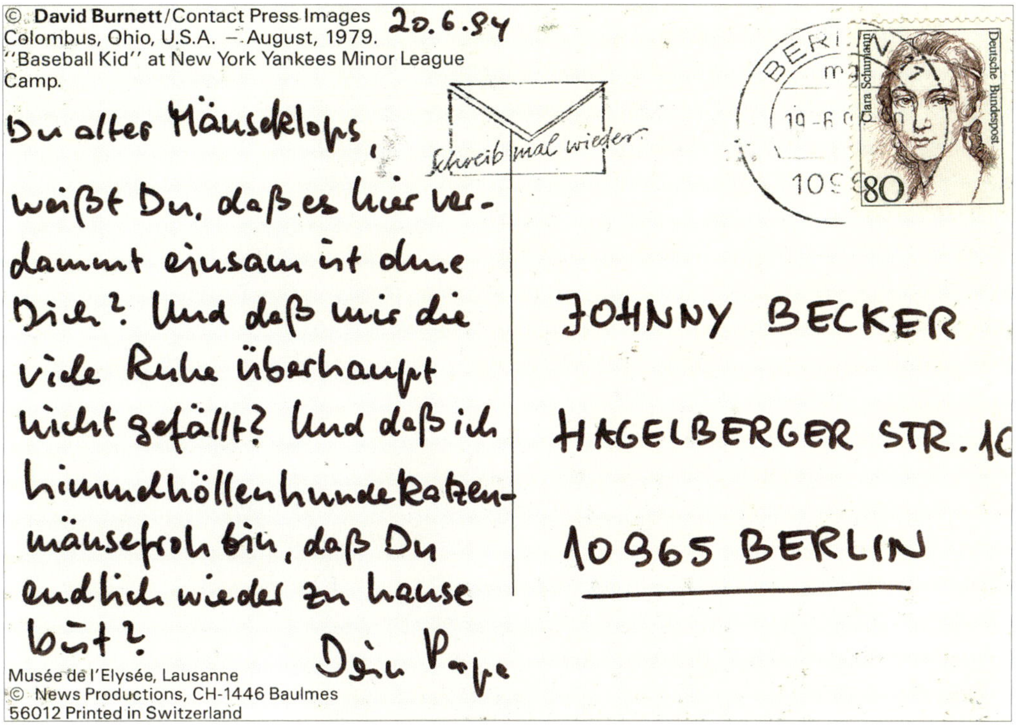
© David Burnett/Contact Press Images
Colombus, Ohio, U.S.A. – August, 1979.
"Baseball Kid" at New York Yankees Minor League Camp.

20.6.94

schreib mal wieder

Deutsche Bundespost
Clara Schumann
80

Du alter Mäuseklops,

weißt Du, daß es hier verdammt einsam ist ohne Dich? Und daß mir die viele Ruhe überhaupt nicht gefällt? Und daß ich himmelhöllenhundekatzenmäusefroh bin, daß Du endlich wieder zu hause bist?

Dein Papa

JOHNNY BECKER
HAGELBERGER STR. 10
10965 BERLIN

Musée de l'Elysée, Lausanne
© News Productions, CH-1446 Baulmes
56012 Printed in Switzerland

Du alter Mäuseklops,

weißt Du, daß es hier verdammt einsam ist ohne Dich? Und daß mir die viele Ruhe überhaupt nicht gefällt? Und daß ich himmelhöllenhundekatzenmäusefroh bin, daß Du endlich wieder zu hause bist?
Dein Papa

Du alte Schneeflocke,

es wird langsam Zeit, daß Du in Deiner neuen Wohnung auch mal eine Karte kriegst. Denn alles muß ja nicht anders werden, bloß weil man umgezogen ist. Schließlich gibt es Micky Mouse immer noch und Donald Duck und Babar und Robin Hood und wie sie alle heißen. Und Batman natürlich und Deinen Papa, der Dich wie verrückt lieb hat.

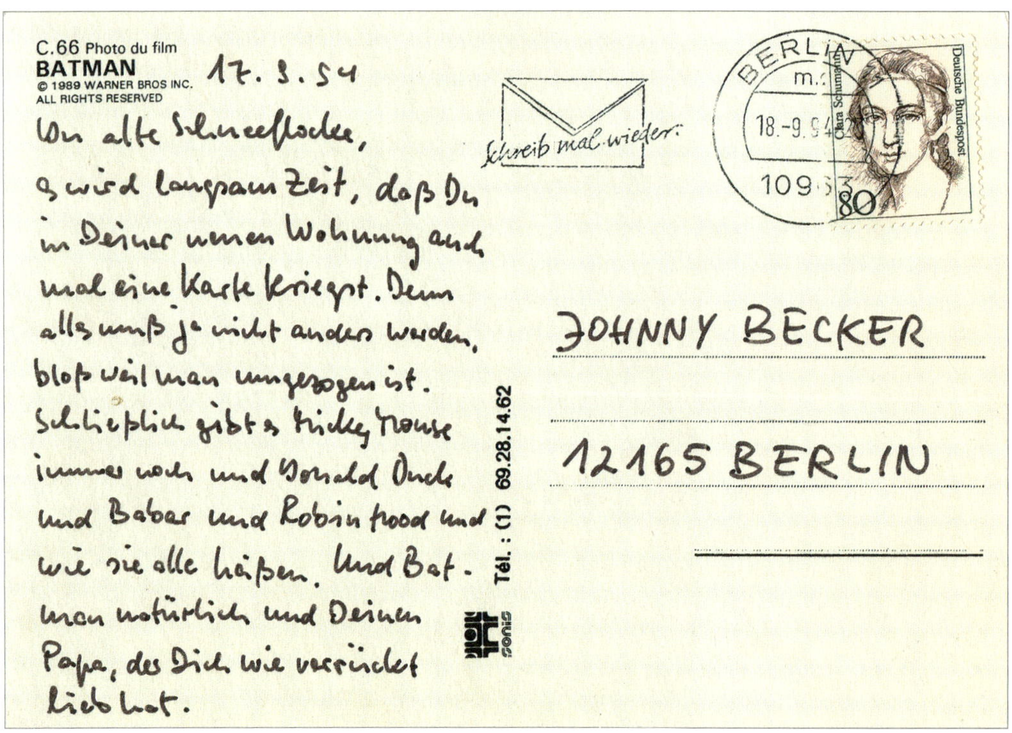

C.66 Photo du film
BATMAN
© 1989 WARNER BROS INC.
ALL RIGHTS RESERVED

17. 9. 94

Du alte Schneeflocke,
es wird langsam Zeit, daß Du in Deiner neuen Wohnung auch mal eine Karte kriegst. Denn alles muß ja nicht anders werden, bloß weil man umgezogen ist. Schließlich gibt es Micky Mouse immer noch und Donald Duck und Babar und Robin Hood und wie sie alle heißen. Und Batman natürlich und Deinen Papa, der Dich wie verrückt lieb hat.

Schreib mal wieder

BERLIN
18.-9.94
Clara Schumann
Deutsche Bundespost
80

Tél.: (1) 69.28.14.62

JOHNNY BECKER
12165 BERLIN

Du liebe Hühnerkastanie,

wenn ich so sitze und arbeite, muß ich andauernd an Dich denken. Kannst Du mir erklären warum? Und kannst Du mir erklären, warum ich Dir andauernd Karten schreibe, obwohl ich Dir dasselbe auch sagen könnte?
Dein Papa

21.8.94

Du liebe Hühnerkastanie,

wenn ich so sitze und arbeite, muß ich andauernd an Dich denken. Kannst Du mir erklären warum? Und kannst Du mir erklären, warum ich Dir andauernd Karten schreibe, obwohl ich Dir dasselbe auch sagen könnte?

Dein Papa

Johnny Becker

12165 Berlin

edition cicero®
Art Admira Card

BERLIN
22.-9.94

Deutsche Bundespost
Clara Schumann
80

GUDRUN RÖSSNER, München
Sperrmüll, 1980
Plakatfarbe, teilplastisch, 20 x 25 cm
Privatbesitz
Bestell-Nr. 27.003

Du alter Piratenfeuerwehrsheriff,

wenn ein Elefant in einen Doppeldeckerbus einsteigt,
dann müssen die anderen Fahrgäste ganz schön zusammenrücken.
Was meinst Du – muß der Elefant eine Fahrkarte kaufen
oder zwei oder vielleicht zehn? Und hat er überhaupt Geld
bei sich? Siehst Du irgendwo sein Portemonnaie?
Dein Paps

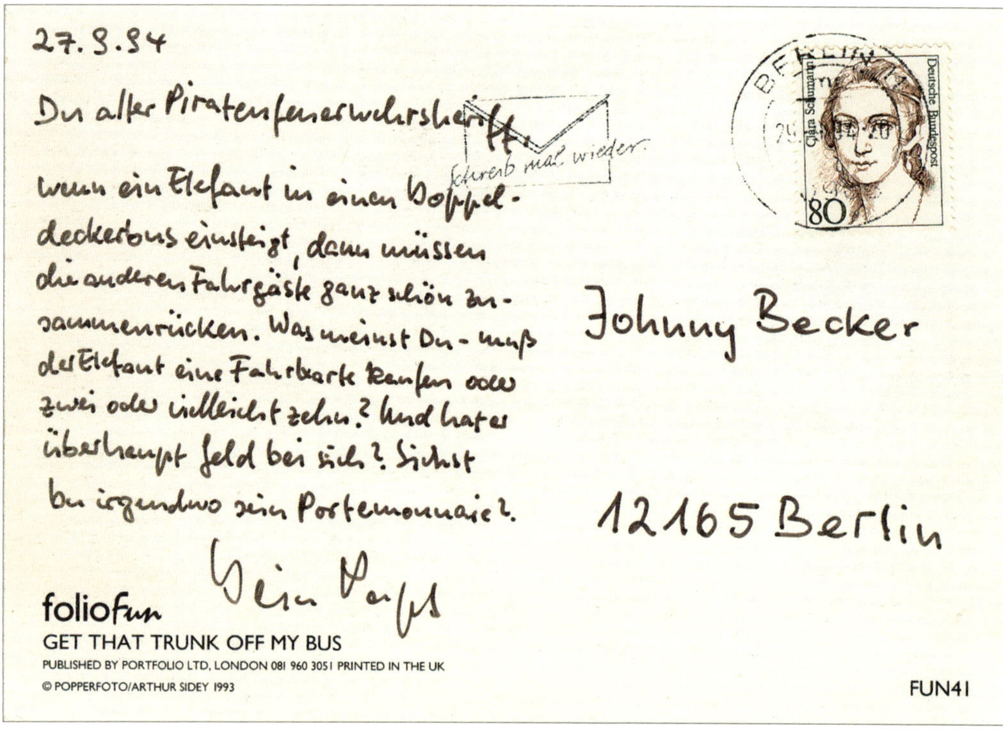
27.9.94

Du alter Piratenfeuerwehrsheriff,

wenn ein Elefant in einen Doppeldeckerbus einsteigt, dann müssen die anderen Fahrgäste ganz schön zusammenrücken. Was meinst Du – muß der Elefant eine Fahrkarte kaufen oder zwei oder vielleicht zehn? Und hat er überhaupt Geld bei sich? Siehst Du irgendwo sein Portemonnaie?

Dein Papa

schreib mal wieder

Deutsche Bundespost
Clara Schumann
80

Johnny Becker

12165 Berlin

folioFun
GET THAT TRUNK OFF MY BUS
PUBLISHED BY PORTFOLIO LTD, LONDON 081 960 3051 PRINTED IN THE UK
© POPPERFOTO/ARTHUR SIDEY 1993
FUN41

JEAN DE BRUNHOFF
BABAR AU BAIN
(EXTRAIT DE *HISTOIRE DE BABAR*, 1931)

9.10.94

Du alter Katzenbuckel,

kaum bin ich einen Tag weg,
schon halte ich es nicht mehr ohne
Dich aus. Deswegen werde ich Dir
andauernd Karten schicken,
damit wir nicht so weit aus-
einander sind. Gefällt Dir die
hier mit dem dicken Babar?

Dein Papa

schreib mal wieder

Clara Schumann
Deutsche Bundespost
80

BERLIN

ÉDITIONS DU DÉSASTRE

Johnny Becker

12165 Berlin

PRINTED IN FRANCE
BABAR CHARACTERS ™ & © 1990 L. DE BRUNHOFF
ÉDITIONS DU DÉSASTRE
21, RUE VISCONTI 75006 PARIS
JB25

Du alter Katzenbuckel,

kaum bin ich einen Tag weg, schon halte ich es nicht mehr ohne Dich aus. Deswegen werde ich Dir andauernd Karten schicken, damit wir nicht so weit auseinander sind. Gefällt Dir die hier mit dem dicken Babar?
Dein Papa

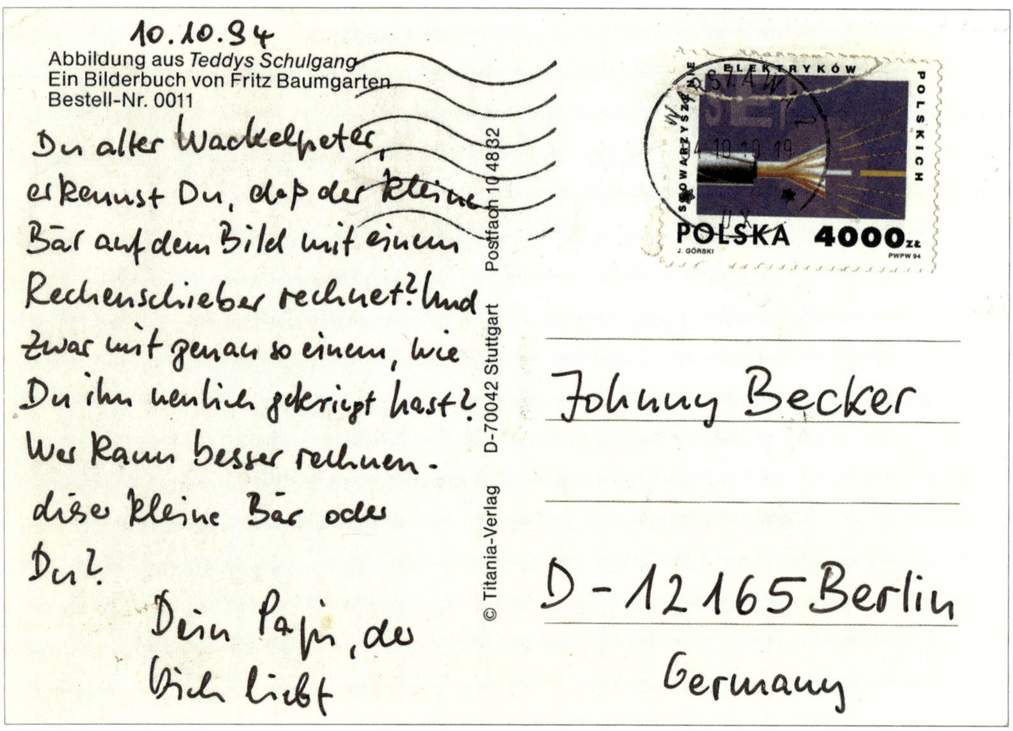

10.10.94

Abbildung aus *Teddys Schulgang*
Ein Bilderbuch von Fritz Baumgarten
Bestell-Nr. 0011

Du alter Wackelpeter,
erkennst Du, daß der kleine Bär auf dem Bild mit einem Rechenschieber rechnet? Und zwar mit genau so einem, wie Du ihn neulich gekriegt hast? Wer kann besser rechnen – diese kleine Bär oder Du?

Dein Papi, der Dich liebt

© Titania-Verlag D-70042 Stuttgart Postfach 10 48 32

ELEKTRYKÓW POLSKICH
POLSKA 4000 zł
J. GÓRSKI PWPW 94

Johnny Becker

D-12165 Berlin

Germany

Du alter Wackelpeter,

erkennst Du, daß der kleine Bär auf dem Bild mit einem Rechenschieber rechnet? Und zwar mit genau so einem, wie Du ihn neulich gekriegt hast? Wer kann besser rechnen – dieser kleine Bär oder Du?
Dein Papi, der Dich liebt

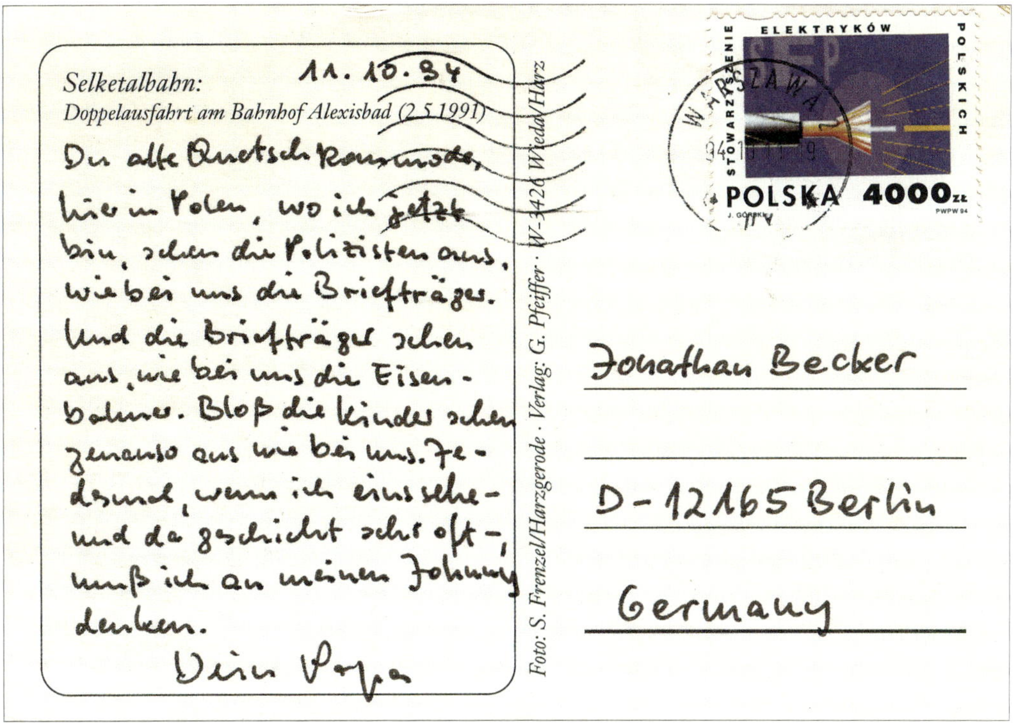

Du alte Quetschkommode,

hier in Polen, wo ich jetzt bin, sehen die Polizisten aus, wie bei uns die Briefträger. Und die Briefträger sehen aus, wie bei uns die Eisenbahner. Bloß die Kinder sehen genauso aus wie bei uns. Jedesmal, wenn ich eins sehe – und das geschieht sehr oft –, muß ich an meinen Johnny denken.
Dein Papa

PHOTOCARDS

13.10.94

Du lieber Gurkenklops,
heute hab ich einen Handwa-
gen gesehen, in dem saß eine
Katze, und der Wagen wurde
von einem Hund gezogen. Den
habe ich gefragt, warum
ziehst du denn die Katze?
Und der Hund hat geantwortet:
WAUWAU! Wahrscheinlich heißt
das in der Hundesprache: Das geht
dich nichts an! Oder was
meinst Du?
Dein Papa

759 Problems?
Photo by Jill Freedman / Matrix / G. Neri
© 1990 by Arti Grafiche Ricordi S.p.A. - Milano

STOWARZYSZENIE ELEKTRYKÓW POLSKICH
POLSKA 4000 zł
J. GÓRSKI PWPW 94

Johnny Becker

D-12165 Berlin

Germany

Printed in Italy by ARTI GRAFICHE RICORDI S.p.A. - Milano

Du lieber
Gurkenklops,

heute hab ich einen Handwagen gesehen, in dem saß eine Katze, und der Wagen wurde von einem Hund gezogen. Den habe ich gefragt, warum ziehst Du denn die Katze? Und der Hund hat geantwortet: WAU-WAU! Wahrscheinlich heißt das in der Hundesprache: Das geht dich nichts an! Oder was meinst Du?
Dein Papa

Du olle Kuchengabel,

die Stadt, in der ich jetzt bin, heißt Krakau und hat eine ganz verrückte Kirche. Überall sonst läuten zu jeder Stunde die Kirchenglocken, aber hier öffnet immer ein Mann ein kleines Fenster im Turm und spielt auf der Trompete. Ist das nicht zum Staunen?
Dein Papi

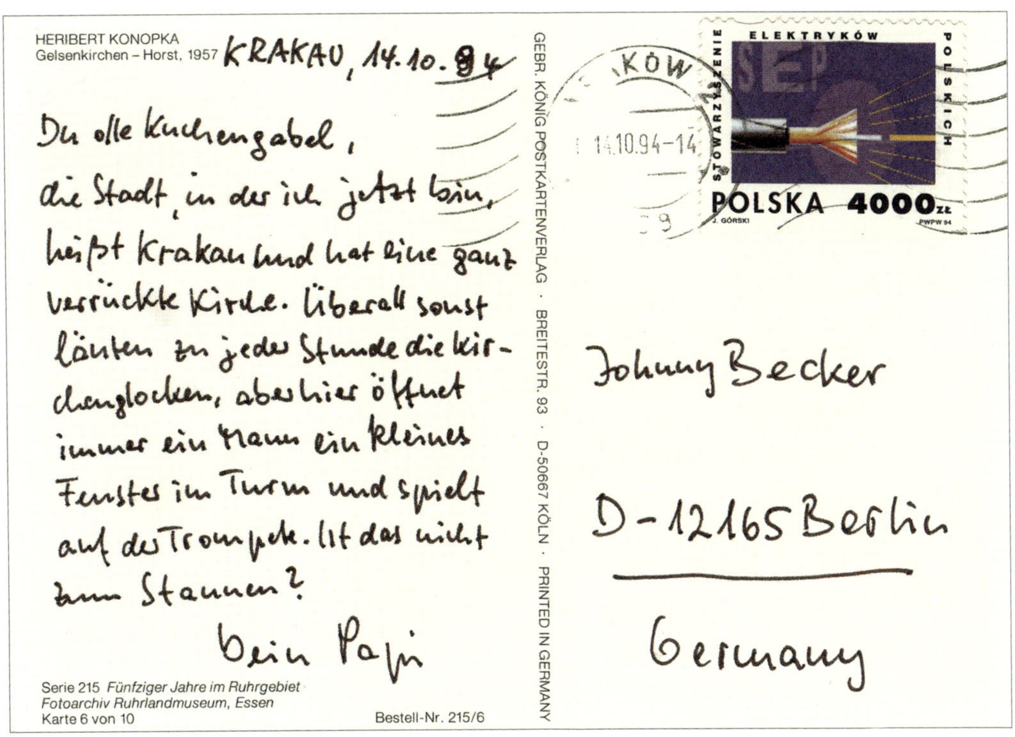
HERIBERT KONOPKA
Gelsenkirchen – Horst, 1957

KRAKAU, 14.10.94

Du olle Kuchengabel,
die Stadt, in der ich jetzt bin,
heißt Krakau und hat eine ganz
verrückte Kirche. Überall sonst
läuten zu jeder Stunde die Kir-
chenglocken, aber hier öffnet
immer ein Mann ein kleines
Fenster im Turm und spielt
auf der Trompete. Ist das nicht
zum Staunen?

Dein Papi

Serie 215 *Fünfziger Jahre im Ruhrgebiet*
Fotoarchiv Ruhrlandmuseum, Essen
Karte 6 von 10

Bestell-Nr. 215/6

GEBR. KÖNIG POSTKARTENVERLAG · BREITESTR. 93 · D-50667 KÖLN · PRINTED IN GERMANY

Johnny Becker

D-12165 Berlin

Germany

Du alte Kichererbse,

in meinem Hotelzimmer ist eine Fliege, die hat mich die ganze Nacht geärgert. Weißt Du, was ich gemacht habe? Ich habe den Kühlschrank so lange aufgemacht, bis sie reingeflogen ist. Dann schnell die Tür zu und fertig. Jetzt ist sie da drin und friert wie blöde – das hat sie nun davon.
Dein Papa

GUSTAVO
Überraschter Teufel
1991, Öl auf Leinwand, 40 × 30 cm
GUS 0523

15.10.94

Du alte Kichererbse,
in meinem Hotelzimmer ist eine Fliege, die hat mich die ganze Nacht geärgert. Weißt Du, was ich gemacht habe? Ich habe den Kühlschrank so lange aufgemacht, bis sie reingeflogen ist. Dann schnell die Tür zu und fertig. Jetzt ist sie da drin und friert wie blöde – das hat sie nun davon.
Dein Papa

© R. HILLMANN • Berlin • Tel. 030/432 20 84 •

ELEKTRYKÓW
STOWARZYSZENIE
POLSKICH
POLSKA 4000 zł
J. GÓRSKI
PWPW 94

Johnny Becker

D-12165 Berlin

Germany

John Drysdale
Mouse's Trunk Call, 1966

16.10.94

Du liebes Mäusekrokodil,
gestern abend saß ich in einem Restaurant, als plötzlich das Licht ausging. Ich mußte ziemlich lange warten, bis [redacted] es wieder hell wurde. Irgendjemand hatte im Dunkeln meinen Teller weggenommen. Aber das war nicht so schlimm, denn das Essen hatte mir sowieso nicht geschmeckt.

Dein Papa

Graphique de France Printed in France

STOWARZYSZENIE ELEKTRYKÓW POLSKICH
POLSKA 4000 zł
J. GÓRSKI PWPW 94

16.10.94-16

JONATHAN BECKER

D-12165 BERLIN

GERMANY

DS126

Du liebes Mäusekrokodil,

gestern abend saß ich in einem Restaurant, als plötzlich das Licht ausging. Ich mußte ziemlich lange warten, bis es wieder hell wurde. Irgendjemand hatte im Dunkeln meinen Teller weggenommen. Aber das war nicht so schlimm, denn das Essen hatte mir sowieso nicht geschmeckt.
Dein Papa

Du olle
Laugenbrezel,

ich bin jetzt in einer Stadt, die heißt Neapel. Die Polizisten heißen hier Carabinieri, und sie kucken gar nicht hin, wenn die Leute bei Rot über die Straße gehen. Was meinst Du – ist das gut oder schlecht? Viele Küßchen und Grüßchen.
Dein Papa

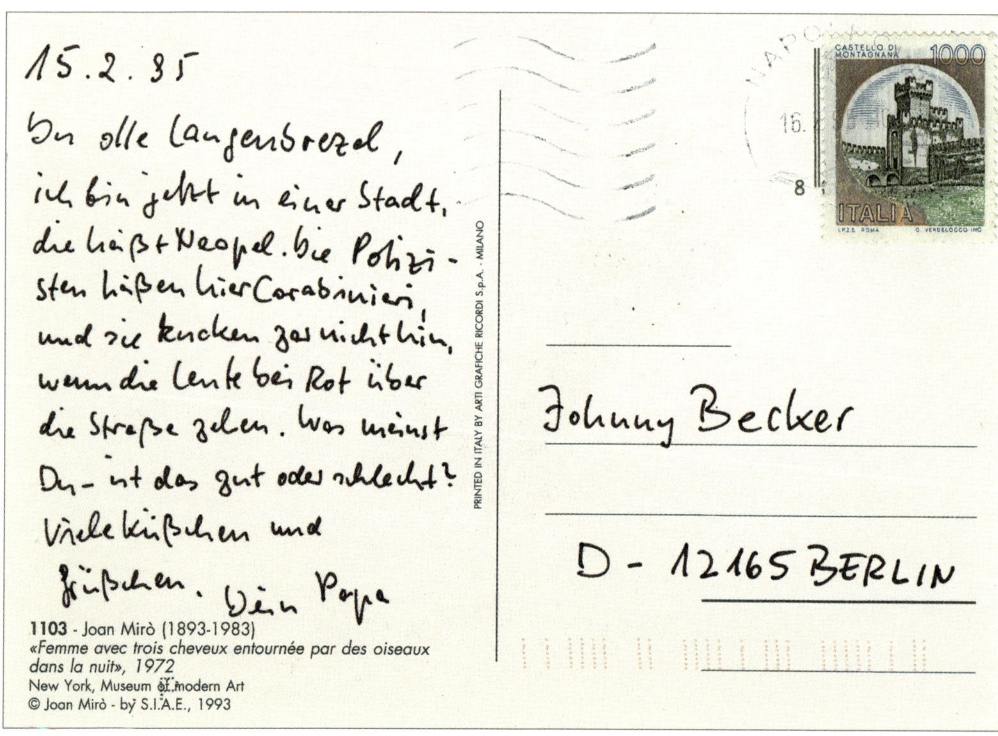

Du altes
Aprikosenei,

Italienisch ist eine
komische Sprache.
Weißt Du, was hier
Tatü-tata heißt?
Du wirst es nicht
glauben – Oi-oi-oi-oi!
Als das erste Feuer-
wehrauto vorbeikam,
mußte ich fast lachen.
Dein Papi

16.2.95, Palermo

Du altes Aprikosenei,
Italienisch ist eine komische Sprache. Weißt Du, was hier Tatü-tata heißt? Du wirst es nicht glauben – Oi-oi-oi-oi! Als das erste Feuerwehrauto vorbeikam, mußte ich fast lachen.
Dein Papi

Johnny Becker

D-12165 Berlin

ROCCA DI URBISAGLIA 750
ITALIA

1339 The Lion King
© Copyright DISNEY
Printed in Italy by Arti Grafiche Ricordi S.p.A. - Milano

Du alter
Blaubeerkuchen,

heute habe ich gesehen, wie zwei Autos zusammengestoßen sind. Der eine Fahrer ist ausgestiegen und hat den anderen angebrüllt, da hat der ihm eine Tomate gegen den Kopf geworfen. Als die Polizei kam, hatten die beiden sich aber längst wieder vertragen.
Du fehlst mir sehr
Dein Papa

18.2.95, Palermo

Du alter Blaubeerkuchen,
heute habe ich gesehen, wie zwei Autos zusammengestoßen sind.
Der eine Fahrer ist ausgestiegen und hat den anderen angebrüllt, da hat der ihm eine Tomate gegen den Kopf geworfen. Als die Polizei kam, hatten die beiden sich aber längst wieder vertragen.
Du fehlst mir sehr
Dein Papa

749 - JOAN MIRÒ (1893-1983)
«Personnage et oiseaux», 1948
Krefeld, Kaiser-Wilhelm Museum
© Joan Mirò by SIAE 1988

Arti Grafiche Ricordi S.p.A. - Milano

ITALIA 1000

Johnny Becker

D-12165 Berlin

Printed in Italy

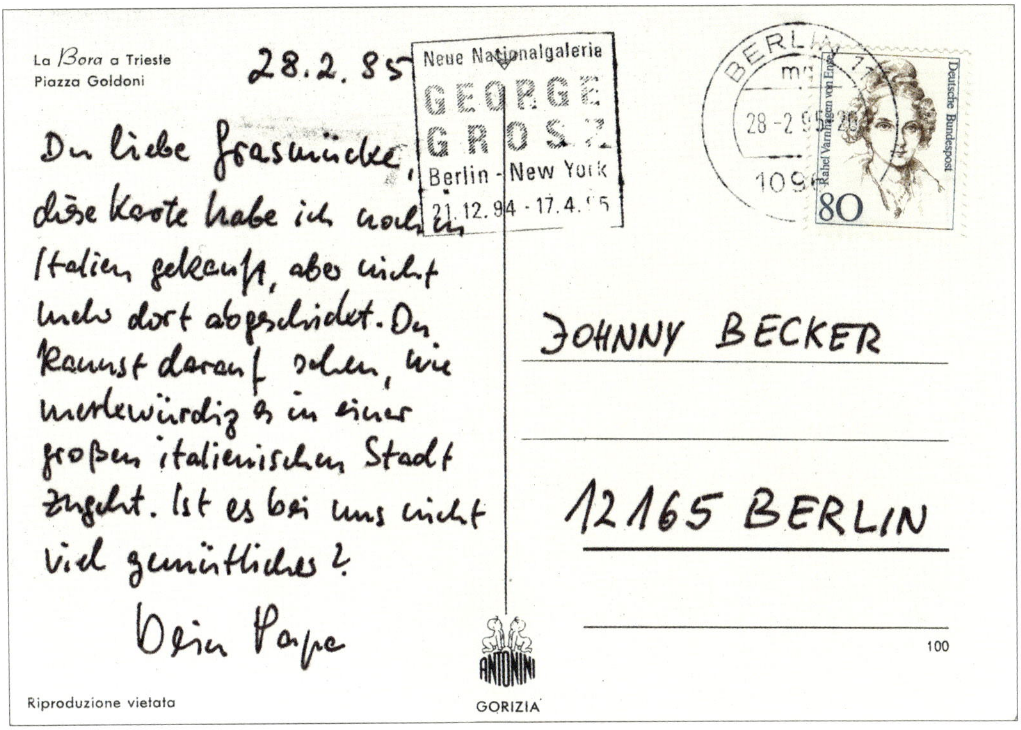

Du liebe Grasmücke,

diese Karte habe ich noch in Italien gekauft, aber nicht mehr dort abgeschickt. Du kannst darauf sehen, wie merkwürdig es in einer großen italienischen Stadt zugeht. Ist es bei uns nicht viel gemütlicher?
Dein Papa

Du alte Himbeermaus,

ich mache jede Wette, daß wir an irgendeinem Strand in Amerika so ein Haus wie auf dem Bild sehen werden. Und wenn wir Glück haben, sehen wir auch noch so einen Zeppelin. Wer wird ihn zuerst entdecken – Bigi, Baga oder Bugu?
Dein Papa

10.3.95

Du alte Himbeermaus,
ich mache jede Wette, daß wir an irgendeinem Strand in Amerika so ein Haus wie auf dem Bild sehen werden. Und wenn wir Glück haben, sehen wir auch noch so einen Zeppelin. Wer wird ihn zuerst entdecken – Bigi, Baga oder Bugu? Dein Papa

Johnny Becker

12165 Berlin

Neue Nationalgalerie
GEORGE GROSZ
Berlin - New York
21.12.94 - 17.4.95

BERLIN
10-3-9

Deutsche Bundespost
Rahel Varnhagen von Ense
80

ART UNLIMITED® AMSTERDAM
OVERTOOM 31 AMSTERDAM

© Leentje Linders c/o Beeldrecht Amsterdam / Een dag aan zee

Du alte Handschelle,

was war das Beste an Amerika? Die Officers, die Feuerwehrautos, die Sheriffs, die Hamburger oder Baseball? Wenn Du mich fragst – das Schönste war, daß wir uns so viel gekitzelt haben, daß Du einen Blick unter Wasser geworfen hast, und daß keiner von uns den Schnupfen kriegte.
Dein Papa

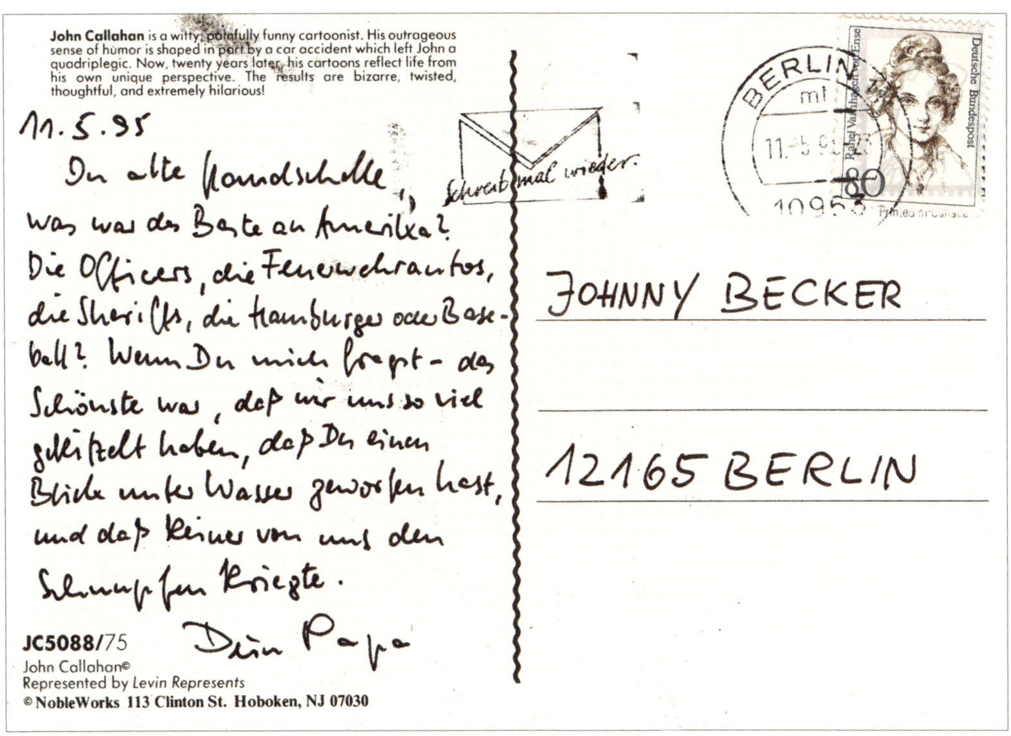

John Callahan is a witty, painfully funny cartoonist. His outrageous sense of humor is shaped in part by a car accident which left John a quadriplegic. Now, twenty years later, his cartoons reflect life from his own unique perspective. The results are bizarre, twisted, thoughtful, and extremely hilarious!

11.5.95

Du alte Handschelle,
was war das Beste an Amerika?
Die Officers, die Feuerwehrautos,
die Sheriffs, die Hamburger oder Base-
ball? Wenn Du mich fragst – das
Schönste war, daß wir uns so viel
gekitzelt haben, daß Du einen
Blick unter Wasser geworfen hast,
und daß keiner von uns den
Schnupfen kriegte.

Dein Papa

Schreib mal wieder.

BERLIN

Deutsche Bundespost

JOHNNY BECKER

12165 BERLIN

JC5088/75
John Callahan©
Represented by *Levin Represents*
©NobleWorks 113 Clinton St. Hoboken, NJ 07030

Du alter Batman,

als Du heute im Kindergarten warst, haben die Vögel so laut gesungen, daß ich nicht arbeiten konnte hier oben unterm Dach. Da hab ich gedacht, Schreib wenigstens dem Johnny 'ne Karte, daß Du nicht arbeiten kannst, aber an ihn denkst.
Papa

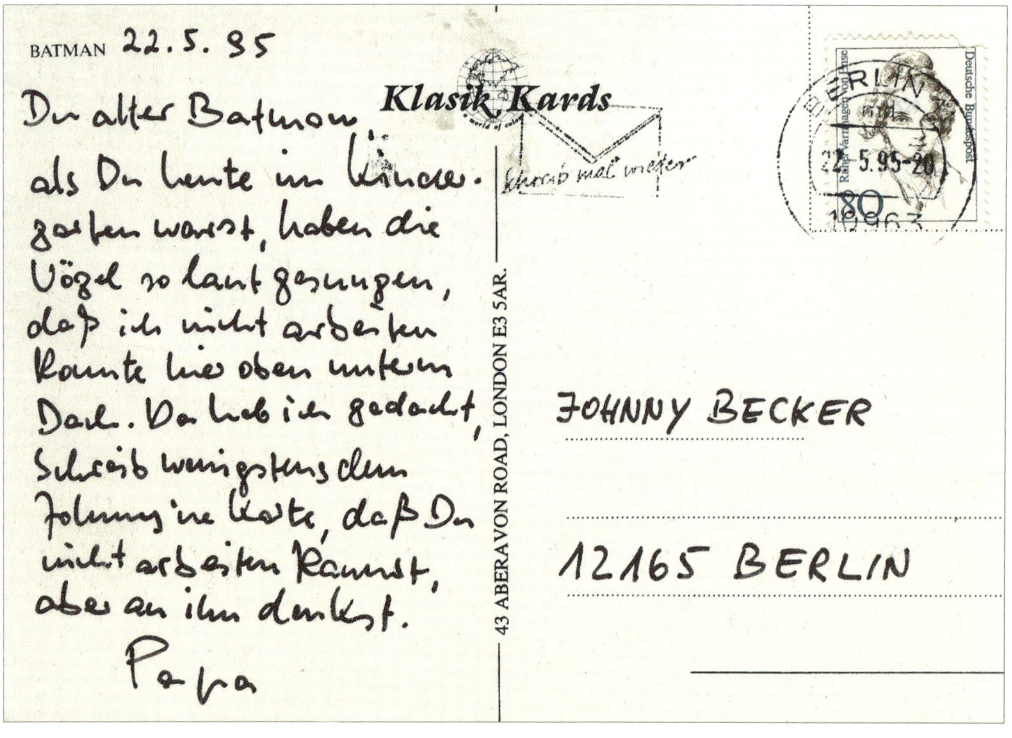

Du alte Butterbrezel,

sag der Mama, daß sie jede Sandburg fotografieren soll,
die Du baust. Und wenn Du auf dem Opa reitest – vergiß bitte nicht,
daß er kein Rennpferd ist.
Küßchen über Küßchen
Dein Papa

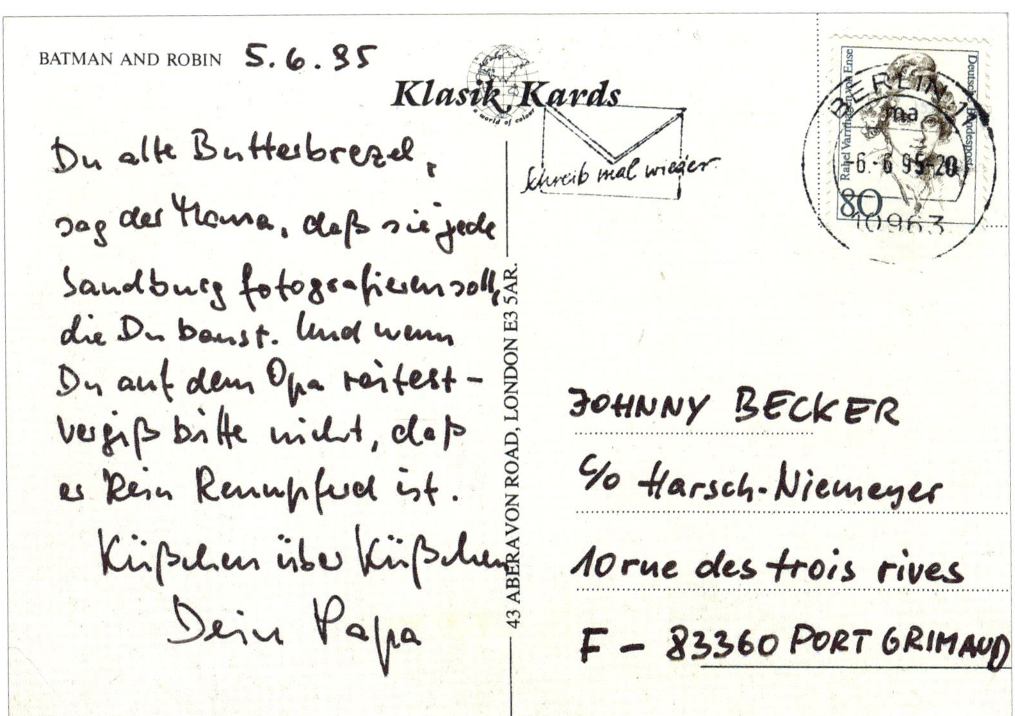

Du alte Dampftute,

kannst Du mir vielleicht sagen, was die Hühner mitten auf der Autobahn zu suchen haben? Was, das ist gar keine Autobahn, sondern ein Radweg? Und es sind gar keine Hühner, sondern Fledermäuse? Ich glaube, ich muß mir bald mal eine neue Brille kaufen.
Dein Papa

16.7.95

Du alte Dampftute,
kannst Du mir vielleicht sagen,
was die Hühner mitten auf
der Autobahn zu suchen
haben? Was, das ist gar keine
Autobahn, sondern ein Radweg?
Und es sind gar keine Hühner,
sondern Fledermäuse? Ich
glaube, ich muß mir bald
mal eine neue Brille kaufen.

Dein Papa

PUBLISHED BY BRUNOTT FITTING IMAGE / THE NETHERLANDS / (03444) 3333

Deutsche Bundespost 80

JOHNNY BECKER
PASTORATSWEG 16
24351 SIESEBY

150159 © Pedro Luis Raola

Du olle Sonnenblume,

könntest Du mich bitte mal anrufen und mir sagen wie es im Kindergarten ist? Ich bin ja soooooooooooooooooooooooooooooooooooooooooooooooooo oooooooooo neugierig.

Dein Papi

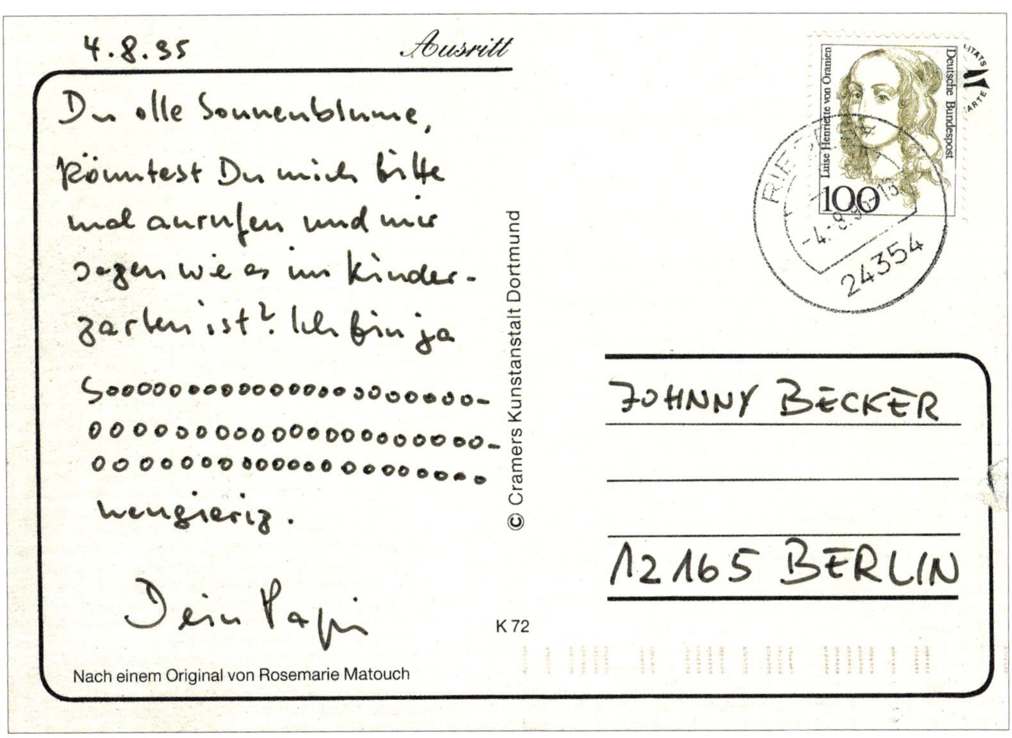
4.8.95

Ausritt

Du olle Sonnenblume,
könntest Du mich bitte
mal anrufen und mir
sagen wie es im Kinder-
garten ist? Ich bin ja
Sooooooooooooooooooooooo-
oooooooooooooooooooooo-
oooooooooooooooooooo
neugierig.

Dein Papi

© Cramers Kunstanstalt Dortmund

K 72

Nach einem Original von Rosemarie Matouch

Luise Henriette von Oranien
Deutsche Bundespost
100

24354

JOHNNY BECKER

12165 BERLIN

Du altes Mauseloch,

meine Güte, ist das den ganzen Tag still hier im Haus! Keiner heult, weil er sich gestoßen hat, keiner hört »ein Bett im Kornfeld« oder Michael Jackson, keiner ruft »Papi!« und keiner kommt in mein Zimmer und fragt, ob ich mit ihm spiele. Ich kann Dir sagen – sooo gut ist das auch wieder nicht.
Bis gleich – Dein Papi

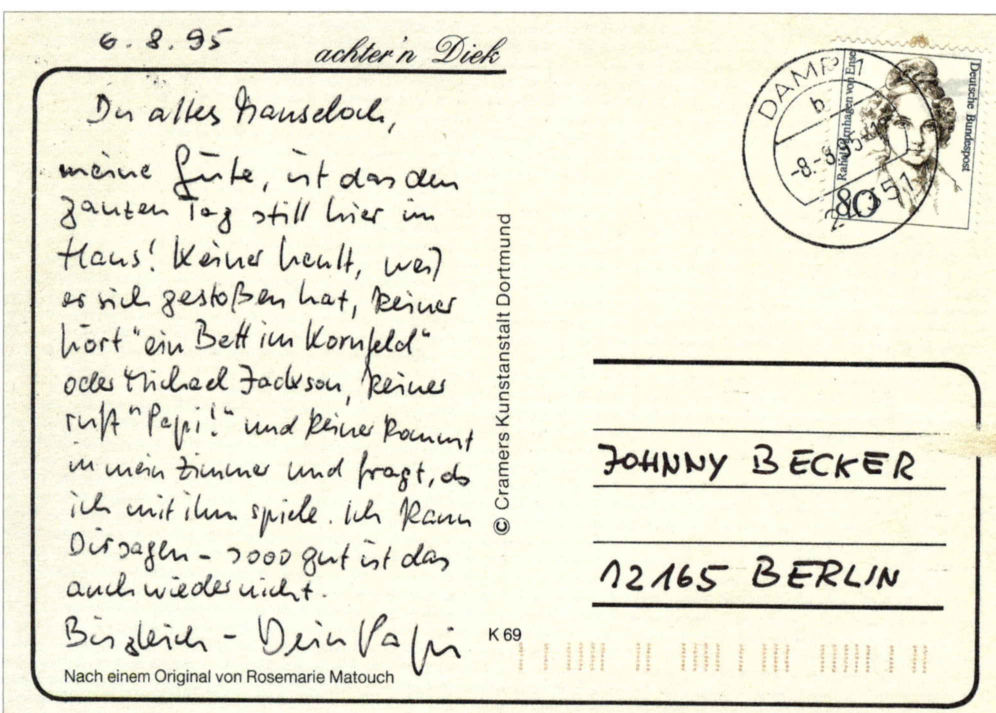

Du alter Kugelblitz,

in der letzten Nacht haben die Enten so laut geschnattert, daß ich das Fenster aufgemacht und gerufen habe: »Ruhe da draußen!« Da haben die Enten noch lauter geschnattert, und ich wollte schon runtergehen und sie scheuchen. Aber ich war so müde, daß ich wieder eingeschlafen bin.
Ich liebe Dich. Dein Papa

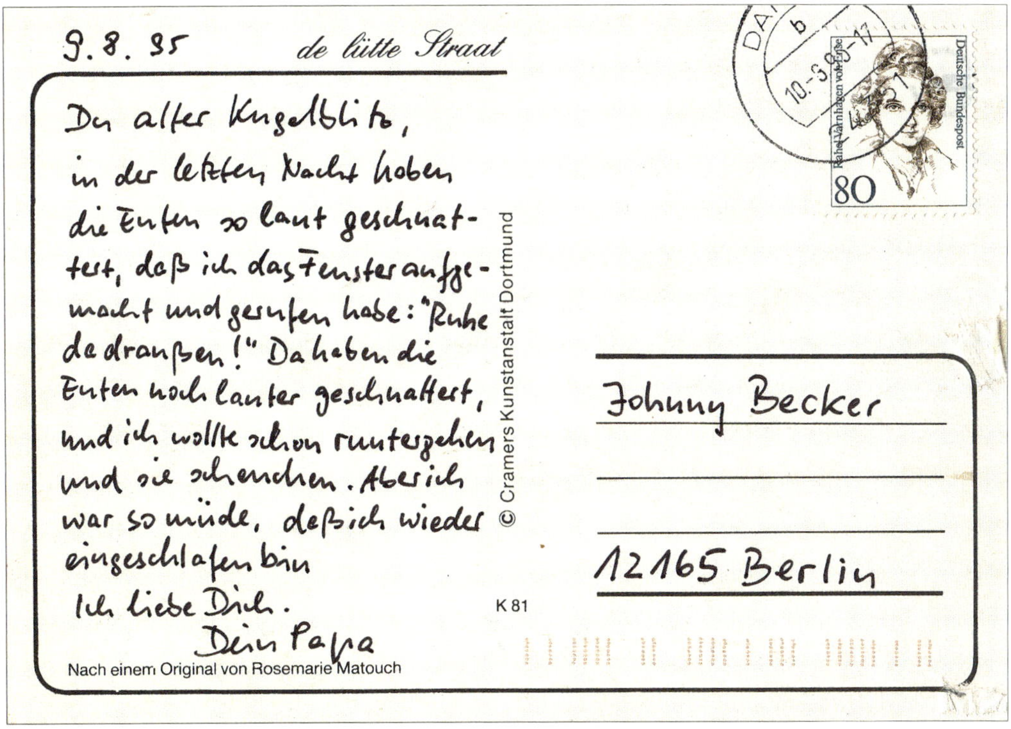

9. 8. 95 *de lütte Straat*

Du alter Kugelblitz,
in der letzten Nacht haben
die Enten so laut geschnat-
tert, daß ich das Fenster aufge-
macht und gerufen habe: "Ruhe
da draußen!" Da haben die
Enten noch lauter geschnattert,
und ich wollte schon runtergehen
und sie scheuchen. Aber ich
war so müde, daß ich wieder
eingeschlafen bin
Ich liebe Dich.
Dein Papa

Nach einem Original von Rosemarie Matouch

© Cramers Kunstanstalt Dortmund

K 81

Deutsche Bundespost
Rahel Varnhagen von Ense
80

Johnny Becker
12165 Berlin

Du alte Salamipizza,

heute war ich im Schlie-Krog Kaffee trinken, und da hat mich Frau Möller gefragt, wo Du bist. In Berlin, hab ich geantwortet, und sie war ganz traurig, bis ich ihr versprochen habe, daß wir im nächsten Jahr wiederkommen und Eis essen wie die Wahnsinnigen.
Dein Papa

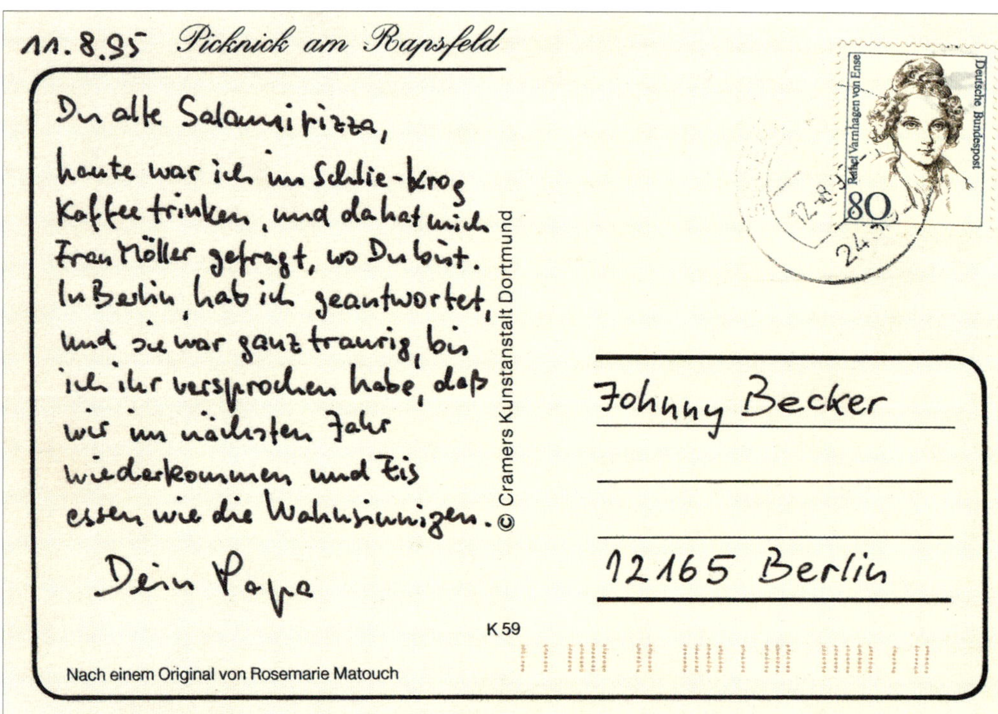

11.8.95 *Picknick am Rapsfeld*

Du alte Salamipizza,
heute war ich im Schlie-Krog Kaffee trinken, und da hat mich Frau Möller gefragt, wo Du bist. In Berlin, hab ich geantwortet, und sie war ganz traurig, bis ich ihr versprochen habe, daß wir im nächsten Jahr wiederkommen und Eis essen wie die Wahnsinnigen.

Dein Papa

© Cramers Kunstanstalt Dortmund

K 59

Nach einem Original von Rosemarie Matouch

Rahel Varnhagen von Ense
Deutsche Bundespost
80

Johnny Becker

12165 Berlin

THE JUMP 1937

13.8.95

Du olle Gießkanne,

was meinst Du – schafft es der Mann, über die Pfütze zu hopsen, oder springt er rein und holt sich nasse Füße? Ich weiß es auch nicht, aber ich weiß, daß er ein ganz fauler Kerl ist. Denn wieso kann er nicht die paar Schritte um die Pfütze herumgehen?

Dein Papi

ERHOLUNGSORT an Schlei und Ostsee KAPPELN

Johnny Becker

12165 Berlin

5 018997 500002

BW851

© Santoro Graphics Ltd.
UK Tel: (01709) 369153.
USA Tel: (810) 656 7681.
All Rights Reserved. Printed in England.

Du olle Gießkanne,

was meinst Du – schafft es der Mann, über die Pfütze zu hopsen, oder springt er rein und holt sich nasse Füße? Ich weiß es auch nicht, aber ich weiß, daß er ein ganz fauler Kerl ist. Denn wieso kann er nicht die paar Schritte um die Pfütze herumgehen?
Dein Papi

Die Vorderseite der Karte wurde nicht von Santoro Graphics Ltd. freigegeben

Du oller Blaubeerkeks,

erkennst Du den Fisch wieder? Ich dachte, wir hätten ihn in Amerika aufgefuttert, aber irgendwie muß er entkommen und auf dieser Karte gelandet sein. Und jetzt können wir ihn natürlich nicht mehr kochen. Schade, wär 'ne schöne Suppe geworden. Machs gut, Du alte Pizzagurke
Dein Brummpapa

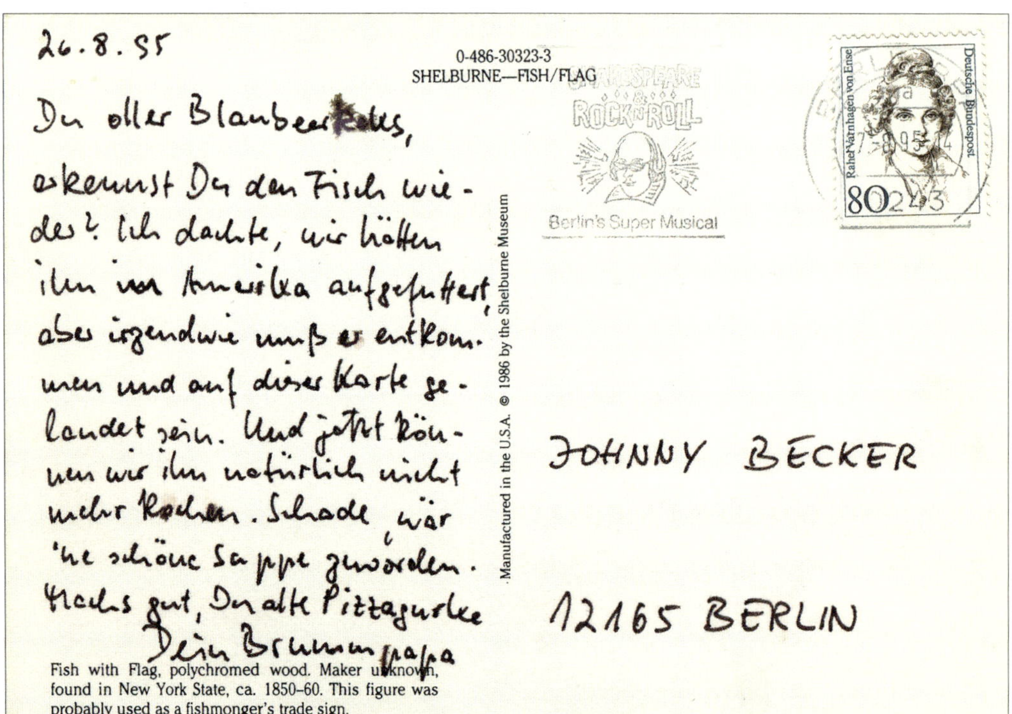

26.8.95

0-486-30323-3
SHELBURNE—FISH/FLAG

SHAKESPEARE & ROCK'N'ROLL
Berlin's Super Musical

Rahel Varnhagen von Ense
Deutsche Bundespost
80

Du oller Blaubeerkeks,
erkennst Du den Fisch wieder? Ich dachte, wir hätten ihn in Amerika aufgefuttert, aber irgendwie muß er entkommen und auf dieser Karte gelandet sein. Und jetzt können wir ihn natürlich nicht mehr kochen. Schade, wär 'ne schöne Suppe geworden. Machs gut, Du alte Pizzagurke
Dein Brummpapa

Manufactured in the U.S.A. © 1986 by the Shelburne Museum

JOHNNY BECKER

12165 BERLIN

Fish with Flag, polychromed wood. Maker unknown, found in New York State, ca. 1850–60. This figure was probably used as a fishmonger's trade sign.

Du alte Bratwurst,

siehst Du auch fünf Elefanten auf dem Bild und dazu noch eine Elefantenpuppe? Und siehst Du auch ein Brille? Ich glaube, wenn die Kinder die Eltern nicht bald in Ruhe lassen, dann gibt's Ärger. Oder wie siehst Du das?
Dein Paps

Du alter Seeräuber,

interessiert es Dich, wohin Batman und Robin so schnell mit ihrem Boot fahren? Batman hat fürchterlichen Hunger (er hat nämlich nicht gefrühstückt) und will im Restaurant fünf doppelte Hamburger essen. Und Robin muß ganz nötig pinkeln, das kann er auch in dem Restaurant machen. Und danach wollen die beiden sich noch ein bißchen zum Mittagsschlaf aufs Ohr legen, denn heute ist nicht viel los mit den Verbrechern. Dein Paps

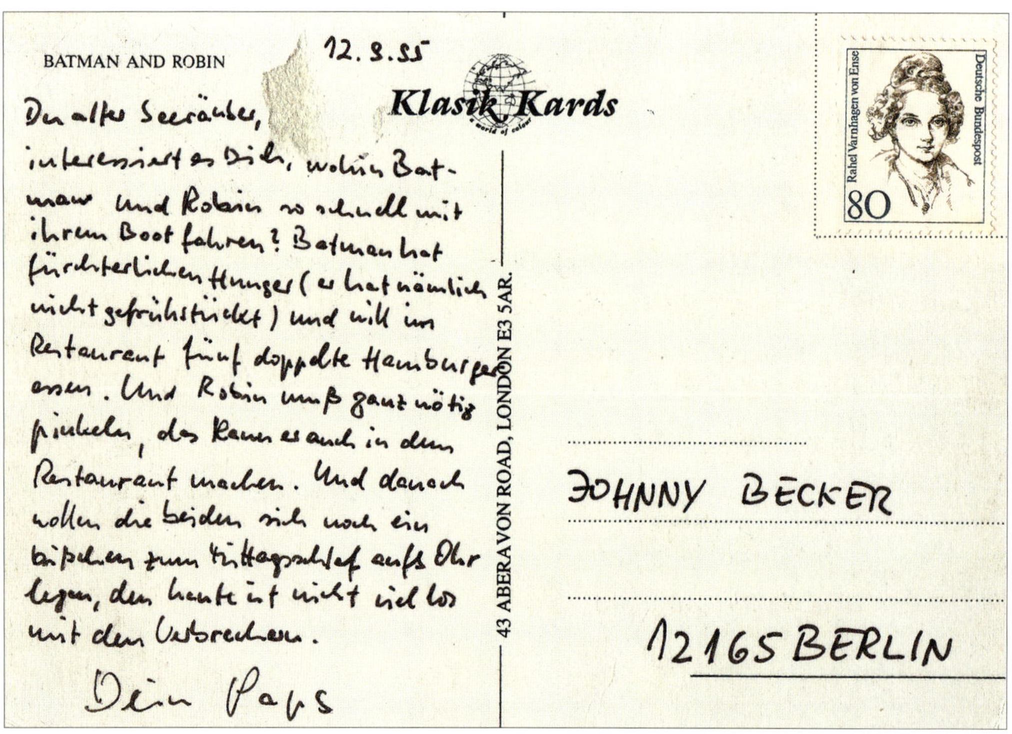

Du alter Bratklops,

also es gibt Garagen, daß man es kaum glauben kann. Für den, dessen Auto ganz oben steht, stelle ich mir das ganz schön unpraktisch vor. Wenn der die Milch im Kofferraum mal vergißt, ist es ja einfacher, im nächsten Laden neue zu kaufen, als da nocheinmal raufzuklettern.
Dein Papa

Chicago, 1937 © Bernd Lohse,
Bildarchiv Preussischer Kulturbesitz

3.10.95

Du alter Bratklops,
also es gibt Garagen, daß man es kaum glauben kann. Für den, dessen Auto ganz oben steht, stelle ich mir das ganz schön unprak-tisch vor. Wenn der die Milch im Kofferraum mal vergißt, ist es ja einfacher, im nächsten Laden neue zu kaufen, als da nocheinmal raufzu-klettern.

Dein Papa

CATCH

Deutsche Bundespost
Rahel Varnhagen von Ense
80

Johnny Becker
Pastoratsweg 4
24351 Sieseby

P.O. Box 9114, 3506 GC Utrecht, the Netherlands, tel. (0)30-621654

PC 547

Du Liebster,

ich bin jetzt in einer Stadt, die Swansea heißt. Es regnet hier so viel, daß auf der Straße die Enten herumschwimmen, und die Polizisten kleine Schirme an ihren Helmen montiert haben. Ich glaube, zu Hause gefällt es mir besser.
Dein Papa

THE SYDENHAM RIVER, ONTARIO, CANADA, 1975
PHOTOGRAPH BY LARRY TOWELL

Swansea, 6.10.95

Du Liebster,
ich bin jetzt in einer Stadt, die Swansea heißt. Es regnet hier so viel, daß auf der Straße die Enten herumschwimmen, und die Polizisten kleine Schirme an ihren Helmen montiert haben.
Ich glaube, zu Hause gefällt es mir besser.
Dein Papa

JOHNNY BECKER

D-12165 BERLIN

GERMANY

Du alter Butterkeks,

die bringen hier doch alles durcheinander und können sich nicht mal entscheiden, ob sie eine U-Bahn, eine Straßenbahn oder einen Doppelstockbus bauen. Der Schaffner steht hilflos da, und wenn man ihn fragt, was das denn nun für ein Ding ist, zuckt er bloß mit den Schultern.
In Liebe, Dein Paps

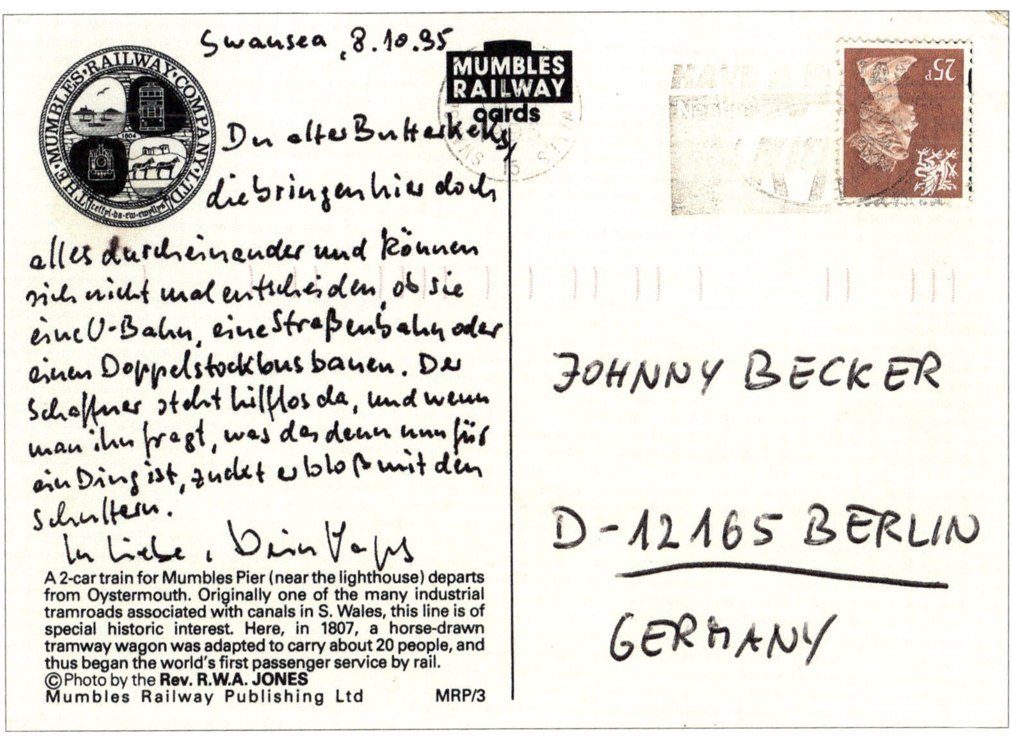

Du alter Super-Batman,

gestern Abend ist auf meinem Balkon eine Fledermaus herumgeflogen. Eine Fledermaus ist so ein Tier, wie Batman es auf der Brust hat, das weißt Du doch? Ich habe eine Weile gewartet und gedacht, daß vielleicht auch noch Batman angeflogen kommt. Aber der Kerl ist einfach nicht aufgetaucht.
Dein Papa, der Dich schrecklich liebt

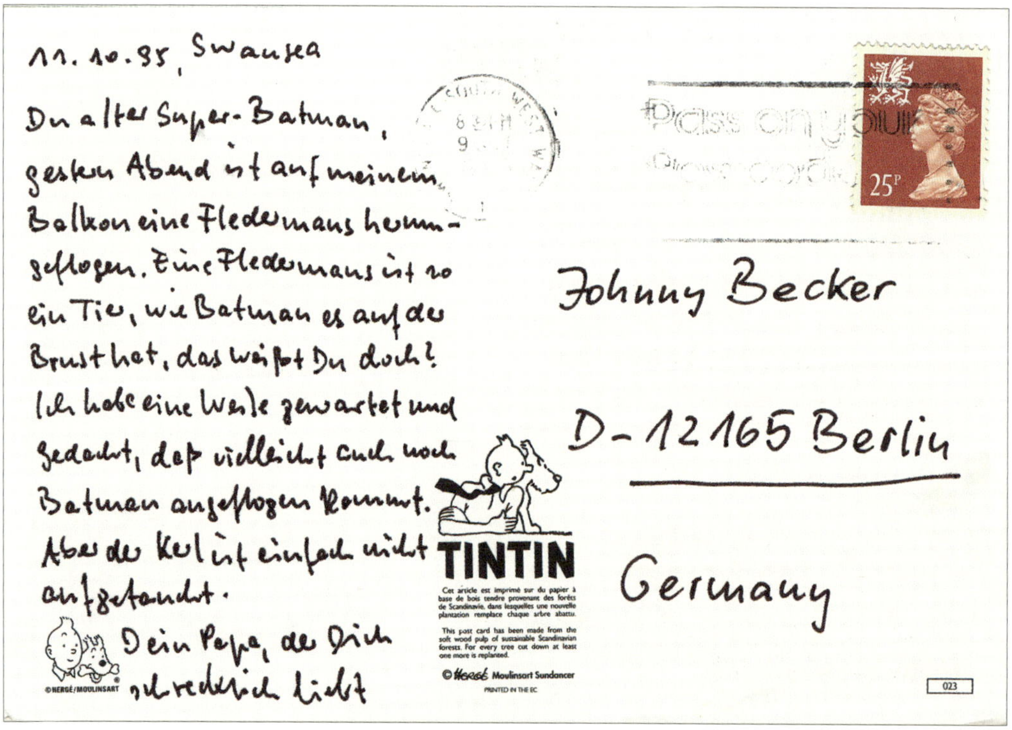

Du alter Schokoladen-zwieback,

da, wo wir jetzt sind, gibt es Tiere, die heißen Lamas. Sie sind ziemlich groß, und man darf nicht vor ihnen stehenbleiben. Weißt Du, warum nicht? Weil sie einen sonst von oben bis unten vollspucken.
Dein Papi + Mama

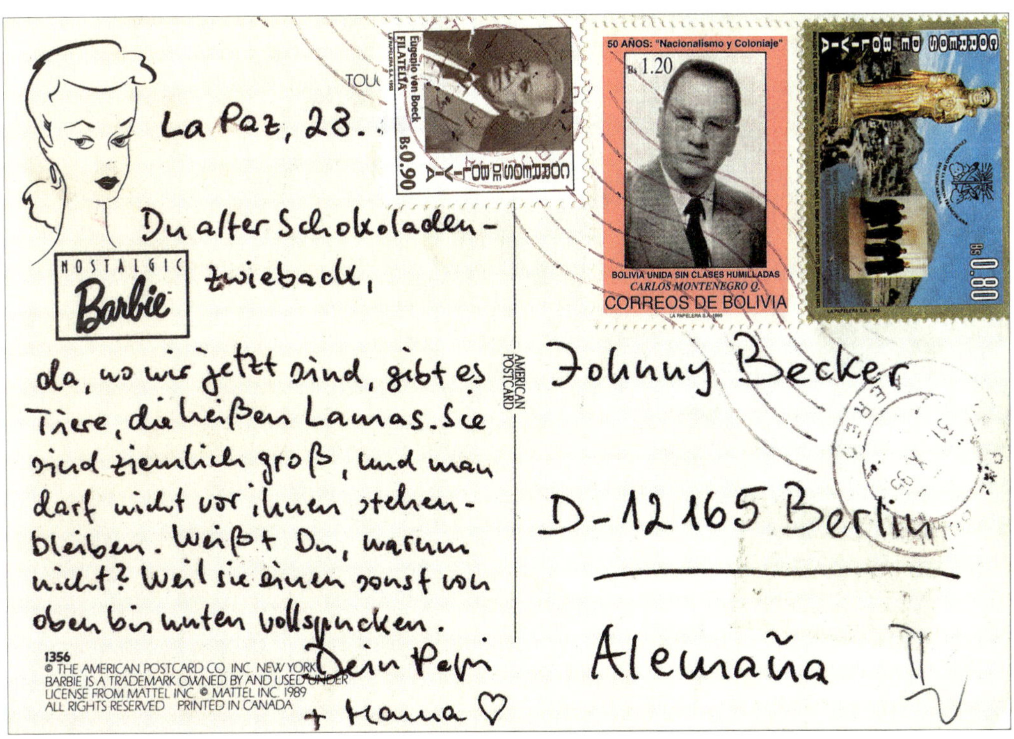

Du alte Spaghetti-Tomate,

das Land, in dem ich jetzt bin, heißt Peru. Die Polizisten hier haben alle Trillerpfeifen, und andauernd trillern sie. Kein Mensch weiß, warum, sie trillern eben. Vielleicht haben sie einen Trillervogel.
Ich liebe Dich, Dein Paps

Cusco, 3.11.95

Du alte Spaghetti-Tomate,
das Land, in dem ich jetzt bin, heißt Peru. Die 'Polizisten hier haben alle Trillerpfeifen, und andauernd trillern sie. Kein Mensch weiß, warum, sie trillern eben. Vielleicht haben sie einen Trillervogel.
Ich liebe Dich,
Dein Paps

JOHNNY BECKER

D-12165 BERLIN

ALEMAÑA

Du alte
Quarktasche,

vor dem Hotel, in dem ich gerade wohne, steht ein hübscher Springbrunnen. Er plätschert Tag und Nacht, man hört es durchs geschlossene Fenster, und ich wache jede Nacht auf, weil ich denke, da pinkelt jemand. Sag bloß, das findest Du komisch?
Dein Papa Jurek

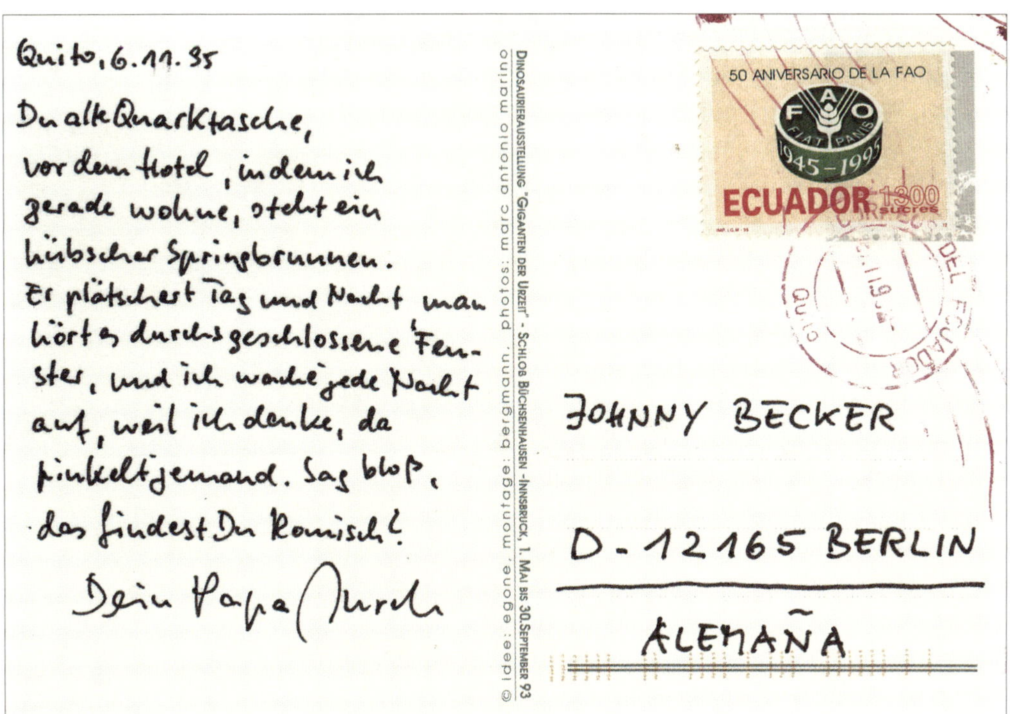

Du altes Himbeermüsli,

weißt Du, was mir gestern beim Abendbrot im Hotel passiert ist? Ich hab beim Essen die Zeitung gelesen, und plötzlich ist mir die Brille in die Suppe gefallen. Du findest das vielleicht komisch, aber ich fand es ganz schön blöd.
Der Papa, der Dich liebt

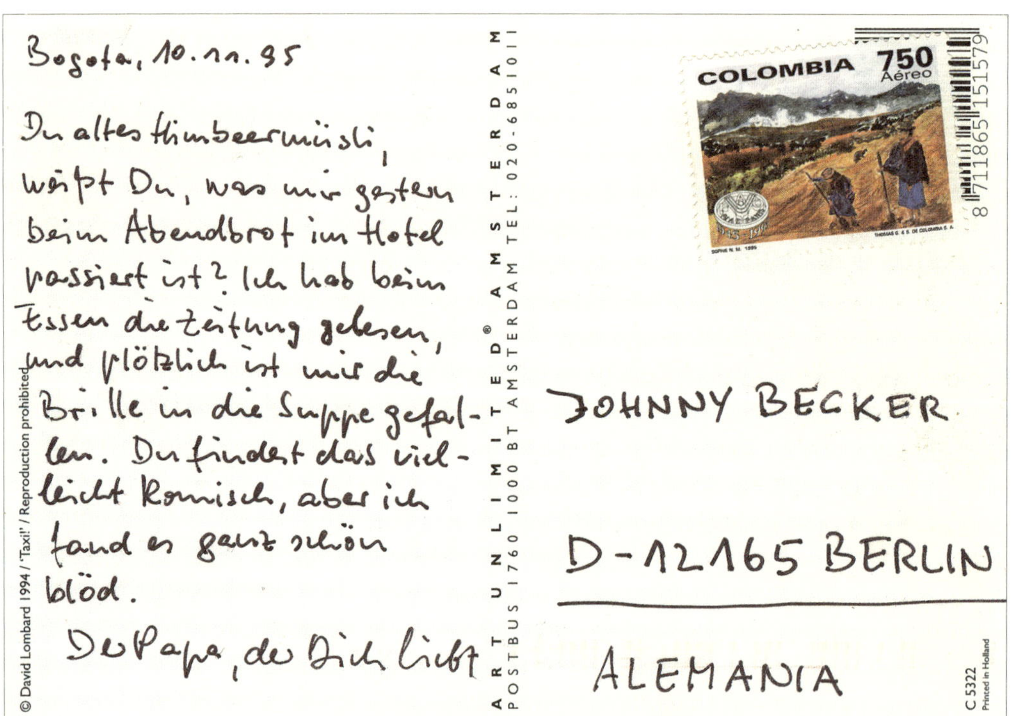
Bogota, 10.11.95

Du altes Himbeermüsli,
weißt Du, was mir gestern beim Abendbrot im Hotel passiert ist? Ich hab beim Essen die Zeitung gelesen, und plötzlich ist mir die Brille in die Suppe gefallen. Du findet das vielleicht komisch, aber ich fand es ganz schön blöd.

Der Papa, der Dich liebt

COLOMBIA 750 Aéreo

JOHNNY BECKER

D-12165 BERLIN

ALEMANIA

ART UNLIMITED® AMSTERDAM
POSTBUS 1760 1000 BT AMSTERDAM TEL: 020-6851011

© David Lombard 1994 / 'Taxi!' / Reproduction prohibited

C 5322 Printed in Holland

Du altes Blaubeerwürstchen,

die Stadt, in der ich jetzt bin, heißt Caracas. Es gibt hier so viele Autos, daß man nie auf die andere Straßenseite kommt, denn die Gangster halten sogar bei Rot nicht an. Die Straßen sind immer so verstopft wie unsere Nasen, wenn wir einen ganz furchtbaren Schnupfen haben. Das soll schön sein?
Dein Papa, der Sehnsucht nach Dir hat

Buster Keaton © 1978 Sid Avery/Motion Picture + TV Photo Archive

Caracas, 13.11.95

Du altes Blaubeerwürstchen,
die Stadt, in der ich jetzt bin, heißt Caracas. Es gibt hier so viele Autos, daß man nie auf die andere Straßenseite kommt, denn die Gangster halten sogar bei Rot nicht an. Die Straßen sind immer so verstopft wie unsere Nasen, wenn wir einen ganz furchtbaren Schnupfen haben. Das soll schön sein?

Dein Papa, der Sehnsucht nach Dir hat

CATCH

VENEZUELA Bs. 50

3992

Johnny Becker

D-12165 Berlin

ALEMANIA

P.O. Box 9114, , 3506 GC Utrecht, the Netherlands, tel. (0)30-621654

PC 641

Du alter Kartoffelkuchen,

gestern habe ich gesehen, wie von einem uralten Taxi eine Tür abgefallen ist. Der Fahrer ist ausgestiegen und war so sauer, daß er gegen die Stoßstange getreten hat. Da ist auch die Stoßstange abgefallen. Ich glaube, so olle Autos gibt es bei uns nicht, höchstens in Deiner Spielzeugkiste.
Dein Papa Jurek

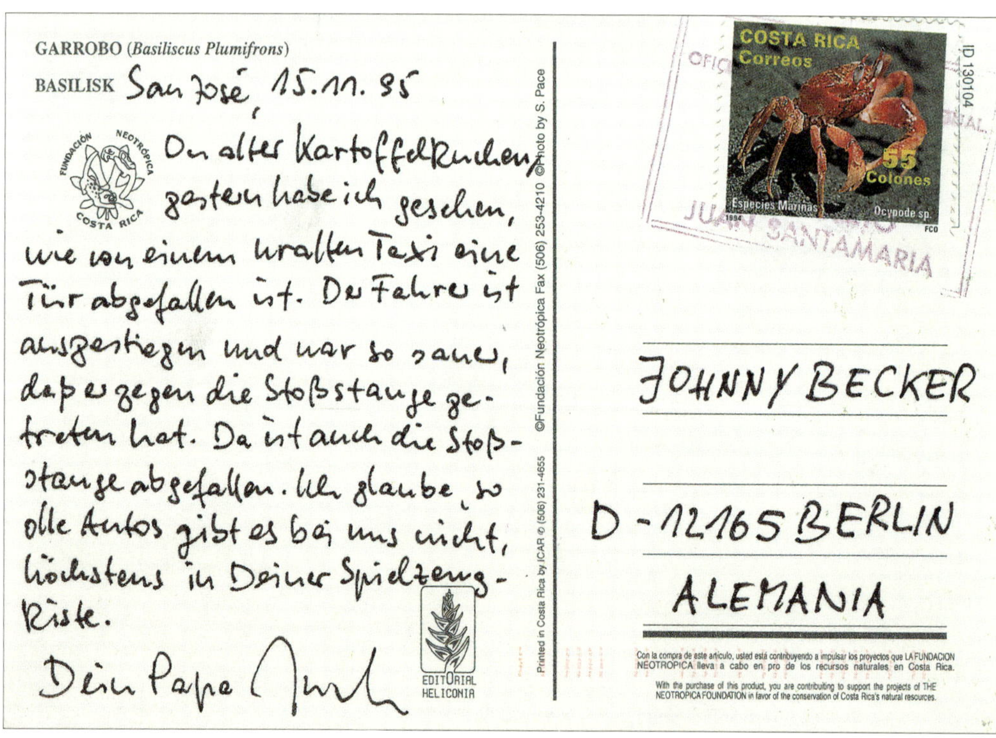
GARROBO (*Basiliscus Plumifrons*)
BASILISK San José, 15.11.95

Du alter Kartoffelkuchen,
gestern habe ich gesehen,
wie von einem uralten Taxi eine
Tür abgefallen ist. Der Fahrer ist
ausgestiegen und war so sauer,
daß er gegen die Stoßstange ge-
treten hat. Da ist auch die Stoß-
stange abgefallen. Ich glaube, so
olle Autos gibt es bei uns nicht,
höchstens in Deiner Spielzeug-
kiste.

Dein Papa Jurek

FUNDACIÓN NEOTRÓPICA COSTA RICA

©Fundación Neotrópica Fax (506) 253-4210 ©Photo by S. Pace
Printed in Costa Rica by ICAR ☏ (506) 231-4655

EDITORIAL HELICONIA

COSTA RICA Correos 55 Colones Especies Marinas Ocypode sp. 1994 FCO
ID 130104

JUAN SANTAMARIA

JOHNNY BECKER

D-12165 BERLIN

ALEMANIA

Con la compra de este artículo, usted está contribuyendo a impulsar los proyectos que LA FUNDACION NEOTROPICA lleva a cabo en pro de los recursos naturales en Costa Rica.

With the purchase of this product, you are contributing to support the projects of THE NEOTROPICA FOUNDATION in favor of the conservation of Costa Rica's natural resources.

Du alter
Katzenmops,

in der Stadt, in der ich jetzt bin, steht auf fast jedem Platz eine Kapelle. Und wenn Du etwas Geld gibst, fängt sie an zu spielen. Aber ich glaube, Du wärst ein bißchen sauer, denn von Michael Jackson ist nichts dabei.
Dein Papa, der endlich wieder bei Dir ist

Mexico City, 17.11.95

Du alter Katzenmops, in der Stadt, in der ich jetzt bin, steht auf fast jedem Platz eine Kapelle. Und wenn Du etwas Geld gibst, fängt sie an zu spielen. Aber ich glaube, Du wärst ein bißchen sauer, denn von Michael Jackson ist nichts dabei.
Dein Papa, der endlich wieder bei Dir ist

TARJETA POSTAL
"VISTACOLOR"
Lito en México
©
AMMEX ASOCIADOS, S.A. de C.V., Lago Silverio 224, México, D.F. 11320

MEXICO EXPORTA
$2500
CORREOS
MEZCLILLA

JOHNNY BECKER
D-12165 BERLIN
ALEMANIA

MEXICO TIPICO TYPICAL MEXICAN VIEWS
INAH.-CNCA.-MEX.- ¡Coleccione Tarjetas Postales!

Du alte Feuerwehrgurke,

kannst Du mir erklären, wieso der Lastwagen mitten auf der Brücke durchs Geländer gekracht ist? War der Fahrer vielleicht betrunken? Oder hat er gedacht, er ist U-Bootkapitän? Oder hat er seine Bremse nicht gefunden? Jedenfalls ist das eine sehr merkwürdige Art, sein Auto zu parken. Der Polizei wird das überhaupt nicht gefallen.
Papa

28.1.96

Du alte Feuerwehrgurke,
kannst Du mir erklären, wieso
der Lastwagen mitten auf der Brücke
durchs Geländer gekracht ist? War
der Fahrer vielleicht betrunken?
Oder hat er gedacht, er ist U-Boot-
Kapitän? Oder hat er seine Bremse
nicht gefunden? Jedenfalls ist
das eine sehr merkwürdige Art,
sein Auto zu parken. Der Polizei
wird das überhaupt nicht gefallen.
Papa

Johnny Becker

12165 Berlin

Sur le pont d'Arcole / Paris, c.1925 / photo anonyme / photo Roger-Viollet

Du alte
Piratenschrippe,

was hältst Du davon, in den nächsten Tagen ins Restaurant oben auf dem Funkturm zu gehen? Und wenn wir dann am Tisch sitzen und der Kellner uns fragt, was wir wollen, sagst Du: Radieschen-eis! Und wenn der Kellner sagt, daß es das nicht gibt, dann bestellen wir eben Vanilleeis. Okay?
Dein PAPA

BABY ELEPHANT, c.1950
PHOTOGRAPH BY YLLA

18.2.96

Du alte Piratenschrippe,

was hältst Du davon, in den nächsten Tagen ins Restaurant oben auf dem Funkturm zu gehen? Und wenn wir dann am Tisch sitzen und der Kellner uns fragt, was wir wollen, sagst Du: Radieschencis! Und wenn der Kellner sagt, daß es das nicht gibt, dann bestellen wir eben Vanilleeis. Okay?

Dein PAPA

COLLECTION OF PRYOR DODGE
PRINTED BY RAPOPORT PRINTING CORP.
© FOTOFOLIO, BOX 661 CANAL STA., NY, NY 10013
Y14

fotofolio

ITB
Berlin 1996

Johnny Becker

12165 Berlin

Du olle Keksbüchse,

auf den Schienen, auf denen dieser Mann liegt, ist bestimmt seit vielen Jahren kein Zug mehr gefahren. Aber das ist trotzdem kein Grund, sich da hinzulegen, denn bestimmt ist es ein paar Schritte weiter, in dem Wäldchen zum Beispiel, viel bequemer. Vielleicht ist dieser Mann einfach ein bißchen bemhüh? Was meinst Du?
Dein Papi

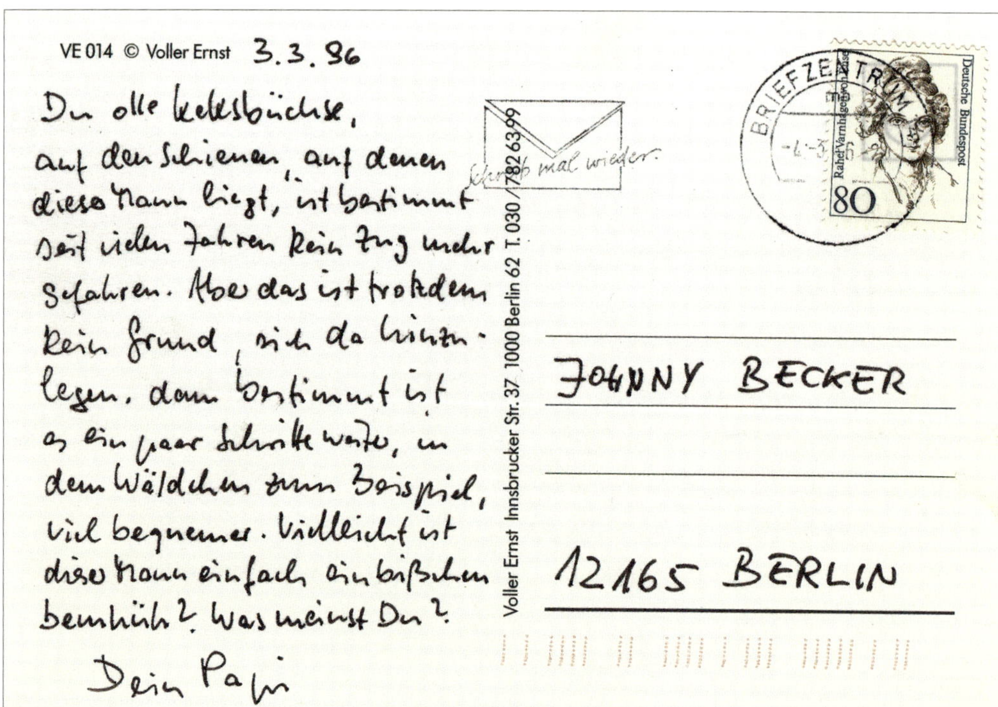

Du alte
Cowboyerdbeere,

Du siehst hier, wie der Blitz in ein hohes Haus einschlägt. Aber das Haus geht trotzdem nicht kaputt. Es hat nämlich einen Blitzableiter. Die Mami wird Dir erklären, wie so ein Ding funktioniert. Und wenn sie es nicht weiß, dann soll sie Dich zu mir schicken.
Dein Papa,
der Dich liebt

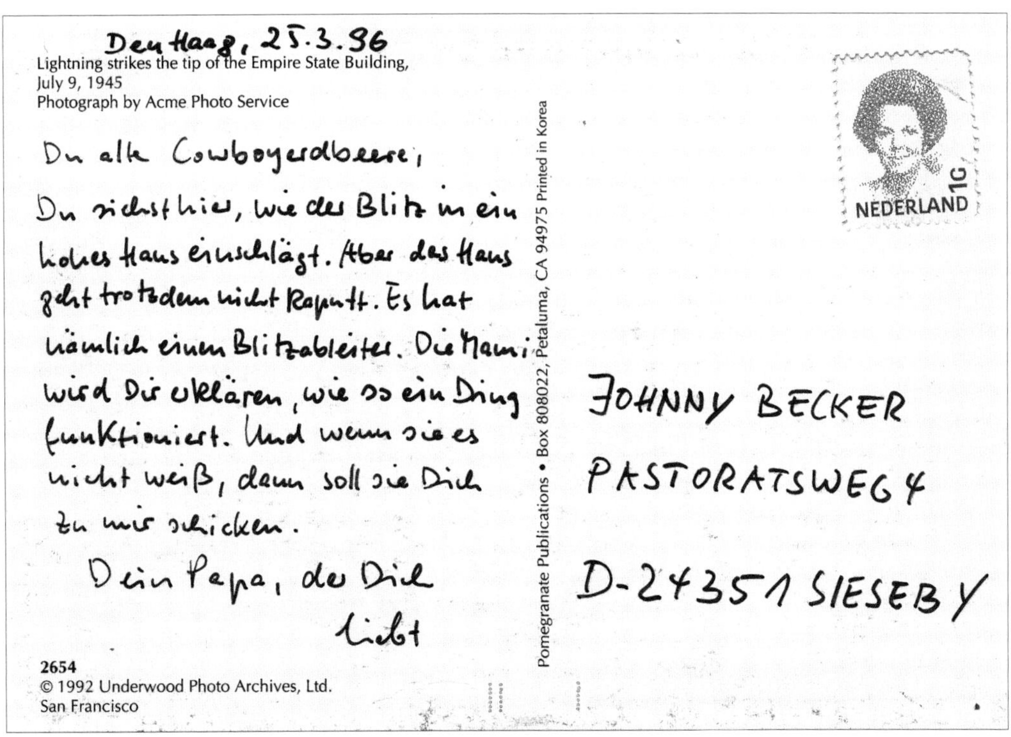

Den Haag, 25.3.96

Lightning strikes the tip of the Empire State Building,
July 9, 1945
Photograph by Acme Photo Service

Du alte Cowboyerdbeere,

Du siehst hier, wie der Blitz in ein hohes Haus einschlägt. Aber das Haus geht trotzdem nicht kaputt. Es hat nämlich einen Blitzableiter. Die Mami wird Dir erklären, wie so ein Ding funktioniert. Und wenn sie es nicht weiß, dann soll sie Dich zu mir schicken.

Dein Papa, der Dich liebt

2654
© 1992 Underwood Photo Archives, Ltd.
San Francisco

Pomegranate Publications • Box 808022, Petaluma, CA 94975 Printed in Korea

1G NEDERLAND

JOHNNY BECKER
PASTORATSWEG 4
D-24351 SIESEBY

Du süßes Ostermüsli,

hier siehst Du endlich den Hof von Bauer Sumsebum. Alle sind da, Sumsebum selbst, seine Frau, die Katze Mauke, der Hund, Hühner, Pferde und der Sohn vom Nachbarn. Nur Suse hat sich versteckt, denn die Katze ist sauer, weil Suse vorhin ihre ganze Milch ausgetrunken hat. Ich glaube, sie sitzt hinterm Baum.
Dein Papa

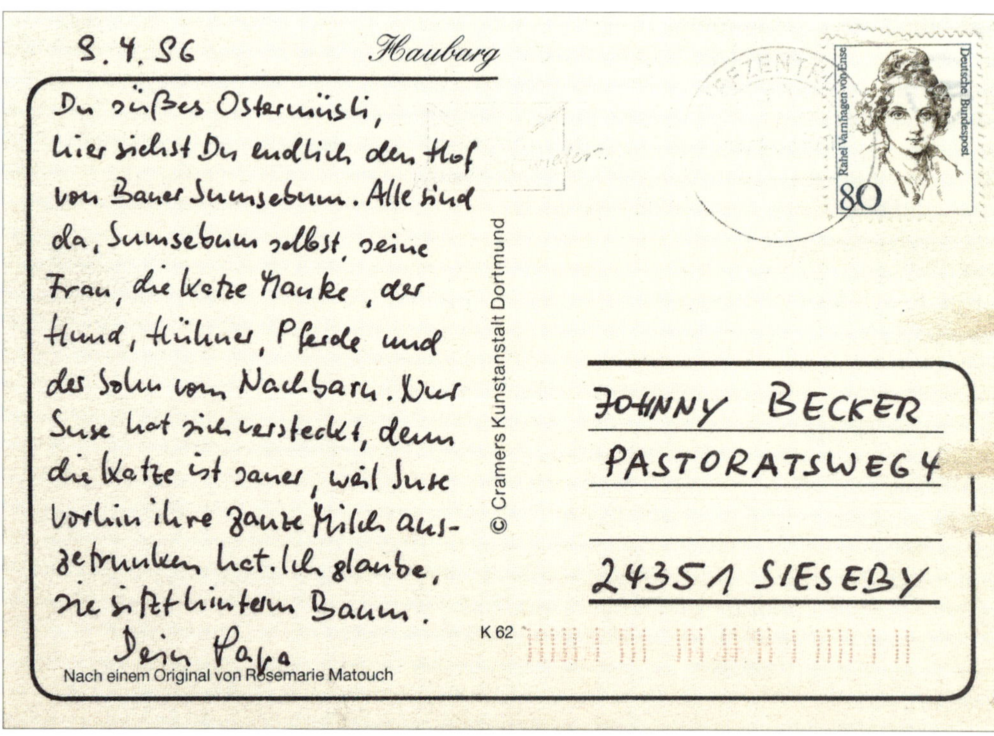

8.4.96

Haubarg

Du süßes Ostermüsli,
hier siehst Du endlich den Hof von Bauer Sumsebum. Alle sind da, Sumsebum selbst, seine Frau, die Katze Mauke, der Hund, Hühner, Pferde und der Sohn vom Nachbarn. Nur Suse hat sich versteckt, denn die Katze ist sauer, weil Suse vorhin ihre ganze Milch ausgetrunken hat. Ich glaube, sie sitzt hinterm Baum.
Dein Papa

Nach einem Original von Rosemarie Matouch

© Cramers Kunstanstalt Dortmund

K 62

Deutsche Bundespost
Rahel Varnhagen von Ense
80

JOHNNY BECKER
PASTORATSWEG 4
24351 SIESEBY

Du oller Mäusekuchen,

ich kucke und kucke auf das Bild und kriege einfach nicht raus, ob der Fisch das Schiff zieht, oder ob das Schiff den Fisch schiebt. Vielleicht kannst Du mir helfen, die Frage zu beantworten? Oder meinst Du am Ende, daß das jeder für sich selbst entscheiden muß?
Dein Papa, der Dich schweinelieb hat

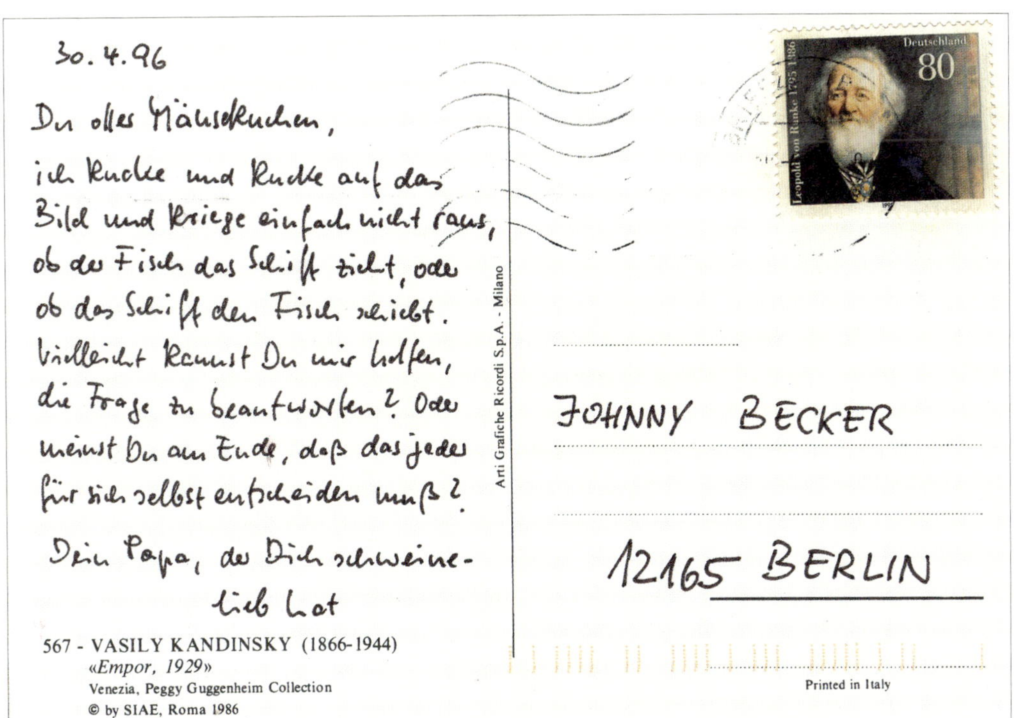

30.4.96

Du oller Mäusekuchen,

ich kucke und kucke auf das Bild und kriege einfach nicht raus, ob der Fisch das Schiff zieht, oder ob das Schiff den Fisch schiebt. Vielleicht kannst Du mir helfen, die Frage zu beantworten? Oder meinst Du am Ende, daß das jeder für sich selbst entscheiden muß?

Dein Papa, der Dich schweinelieb hat

567 - VASILY KANDINSKY (1866-1944)
«*Empor, 1929*»
Venezia, Peggy Guggenheim Collection
© by SIAE, Roma 1986

Arti Grafiche Ricordi S.p.A. - Milano

Deutschland 80
Leopold von Ranke 1795 1886

JOHNNY BECKER

12165 BERLIN

Printed in Italy

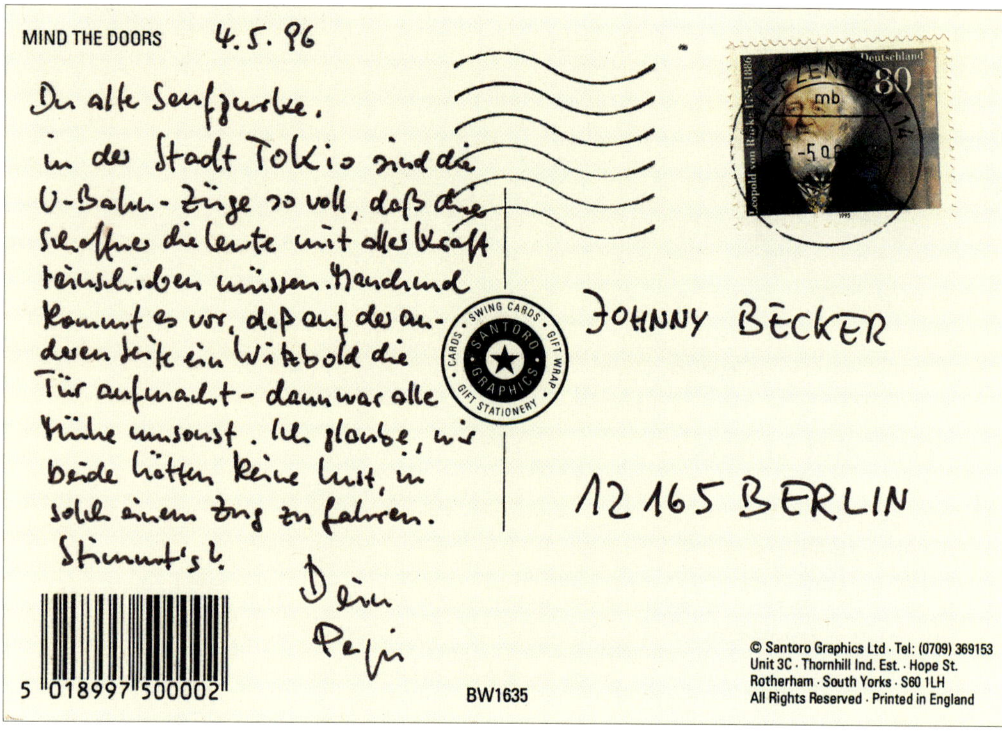

Du alte Senfgurke,

in der Stadt Tokio sind die U-Bahn-Züge so voll, daß die Schaffner die Leute mit aller Kraft reinschieben müssen. Manchmal kommt es vor, daß auf der anderen Seite ein Witzbold die Tür aufmacht – dann war alle Mühe umsonst. Ich glaube, wir beide hätten keine Lust, in solch einem Zug zu fahren. Stimmt's?
Dein Papi

Die Vorderseite der Karte wurde nicht von Santoro Graphics Ltd. freigegeben

Du alter Honigkuchen,

wie geht es eigentlich beim Schwimmunterricht? Lernst Du es langsam? Bei mir war das ganz komisch: Ich bin immer wieder ins Wasser reingegangen und konnte nicht schwimmen. Und eines Tages bin ich wieder reingegangen und konnte es plötzlich. Weißt Du, was mir da durch den Kopf gegangen ist? Wahrscheinlich, hab ich gedacht, konnte ich schon immer schwimmen, ich hab's nur nicht gewußt. Und ich kann mir vorstellen, daß es bei Dir genau so ist. Dein Papa

Mein lieber Kullerpfirsich,

Du fragst Dich, was der Mann unter dem Elefanten zu suchen hat, dabei ist das ganz klar: Der Auspuff des Elefanten war kaputt und mußte gelötet werden. Und der andere Mann fragt, wie lange es noch dauert, denn er hat es eilig und will auf dem Elefanten in den Urlaub reiten.
Diesen Geburtstagsquatsch erzählt Dir Dein Papa, der Dich Du weißt schon

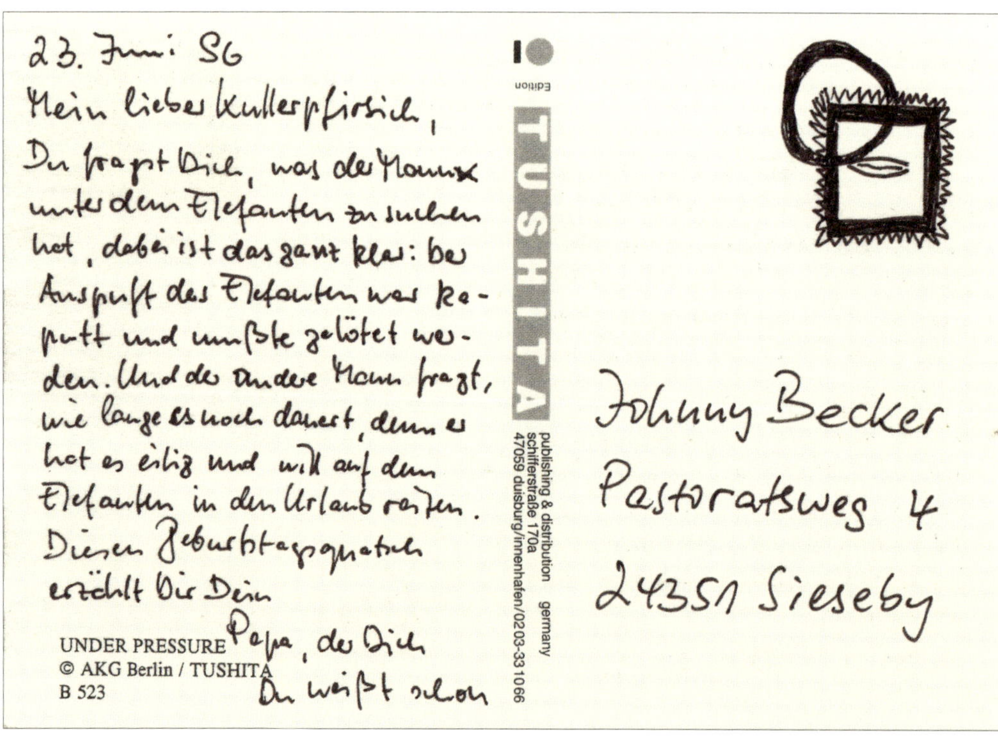

23. Juni 96
Mein lieber Kullerpfirsich,
Du fragst Dich, was der Mann unter dem Elefanten zu suchen hat, dabei ist das ganz klar: Der Auspuff des Elefanten war kaputt und mußte gelötet werden. Und der andere Mann fragt, wie lange es noch dauert, denn er hat es eilig und will auf dem Elefanten in den Urlaub reiten. Diesen Geburtstagsquatsch erzählt Dir Dein Papa, der Dich Du weißt schon

UNDER PRESSURE
© AKG Berlin / TUSHITA
B 523

Edition TUSHITA
publishing & distribution germany
schifferstraße 170a
47059 duisburg/innenhafen/0203-331066

Johnny Becker
Pastoratsweg 4
24351 Sieseby

Du alter
Hosenklops,

als ich heute am Fenster gesehen habe, wie Du auf dem Fahrrad vorbeigekachelt bist, da habe ich mich gefragt, ob man nicht vor unserer Haustür einen Fußgängerschutzweg einrichten sollte. Es ist ja richtig gefährlich geworden, in Sieseby spazieren zu gehen, wenn solche Rennfahrer wie Du durch die Gegend brettern.
Dein stolzer Papa

Sieseby, 30.6.96
Du alter Hosenklops,
als ich heute am Fenster gesehen habe, wie Du auf dem Fahrrad vorbeigekachelt bist, da habe ich mich gefragt, ob man nicht vor unserer Haustür einen Fußgänger-schutzweg einrichten sollte. Es ist ja richtig gefährlich geworden, in Sieseby spazieren zu gehen, wenn solche Rennfahrer wie Du durch die Gegend brettern.
Dein stolzer Papa

Johnny Becker
Pastoratsweg 4
24351 Sieseby

ROBERT DOISNEAU
Voiture à pédales - 1946 - *Pedals Car*
© R. Doineau / Rapho
Éditions Hazan, Paris 1995 6471

Du olles Vorderrad,

letzte Nacht habe ich davon geträumt, wie wir beide Fußball gespielt haben und wie ich gewonnen habe. Leider geht das nur im Traum, denn in Wirklichkeit verliere ich ja immer. Wenn auch manchmal ganz knapp.
Bis ganz gleich
Dein Pappi

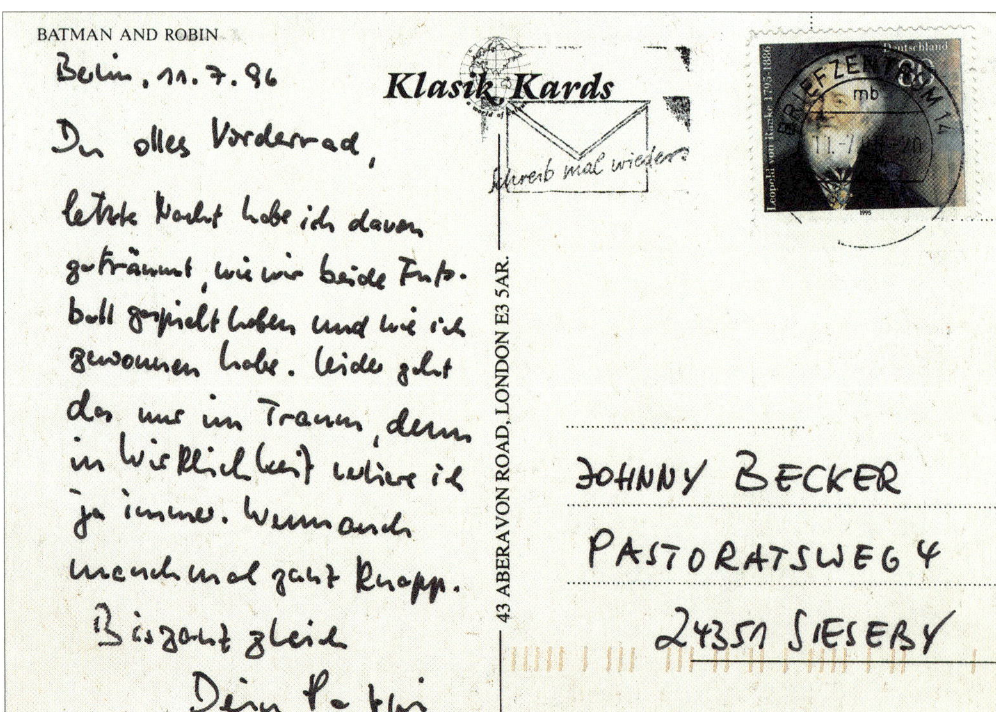

BATMAN AND ROBIN

Berlin, 11.7.96

Du olles Vorderrad,

letzte Nacht habe ich davon geträumt, wie wir beide Fuß-ball gespielt haben und wie ich gewonnen habe. Leider geht das nur im Traum, denn in Wirklichkeit verliere ich ja immer. Wenn auch manchmal ganz knapp.

Bis ganz gleich

Dein Pappi

Klasik Kards

Schreib mal wieder

43 ABERAVON ROAD, LONDON E3 5AR.

Deutschland

Leopold von Ranke 1795–1886

BRIEFZENTRUM 14

JOHNNY BECKER
PASTORATSWEG 4
24351 SIESEBY

Du alte
Bananengurke,

auf der Autobahn habe ich ein Feuerwehrauto gesehen, das ganz langsam fuhr. Zuerst dachte ich, es wäre kaputt; aber dann sah ich, daß keine Feuerwehrmänner drin saßen, sondern eine ganz normale Familie – zwei Kinder, Frau, Mann. Entweder hatten die das Auto geklaut, oder ein Feuerwehrmann hatte sich das Feuerwehrauto für einen Picknick ausgeliehen. Aber darf der das?
Dein Bugu

Paul Loper
«Mr. Big» / Paris 1992
© NOUVELLES IMAGES S.A. éditeurs et P. Loper 1993 /
45700 Lombreuil - France / offset printed in France PH 1147

Sieseby, 15.7.96

Du alte Bananengurke,

auf der Autobahn habe ich ein Feuerwehrauto gesehen, das ganz langsam fuhr. Zuerst dachte ich, es wäre kaputt; aber dann sah ich, daß keine Feuerwehrmänner drin saßen, sondern eine ganz normale Familie – zwei Kinder, Frau, Mann. Entweder hatten die das Auto geklaut, oder ein Feuerwehrmann hatte sich das Feuerwehrauto für einen Picknick ausgeliehen. Aber darf der das?

Dein Bugu

Deutsche Bundespost
Rahel Varnhagen von Ense
80

Johnny Becker
Pastoratsweg 4
24351 Sieseby

Du alter Fischfinger,

wenn Du ein französisches Kind wärst und vor siebzig Jahren gelebt hättest, hättest Du all diese Spielsachen. Dafür hatten die damals keinen Batman und kein Play-Mo und kein Lego und kein Fahrrad und kein Segelboot. Und wenn Du Glück hast, kannst Du das ganze alte Zeug auch noch auf dem Flohmarkt kaufen.
Dein Papa

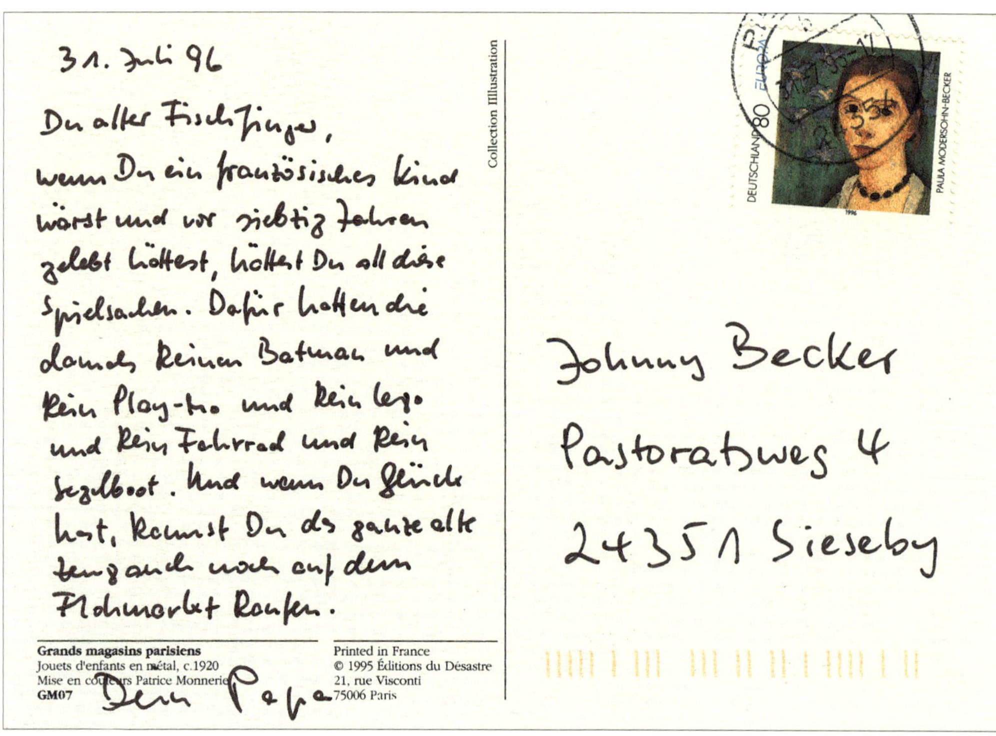
31. Juli 96

Du alter Fischfinger,
wenn Du ein französisches Kind
wärst und vor siebzig Jahren
gelebt hättest, hättest Du all diese
Spielsachen. Dafür hatten die
damals keinen Batman und
kein Play-Mo und kein Lego
und kein Fahrrad und kein
Segelboot. Und wenn Du Glück
hast, kannst Du das ganze alte
Zeug auch noch auf dem
Flohmarkt kaufen.
Dein Papa

Collection Illustration

Grands magasins parisiens
Jouets d'enfants en métal, c.1920
Mise en couleurs Patrice Monnerie
GM07

Printed in France
© 1995 Éditions du Désastre
21, rue Visconti
75006 Paris

DEUTSCHLAND 80 EUROPA
PAULA MODERSOHN-BECKER
1996

Johnny Becker
Pastoratsweg 4
24351 Sieseby

Du alte Brummbeere,

letzte Nacht habe ich von einem Zauberer geträumt, der zu mir kam und sagte, daß er mir alle Fragen beantworten kann. Also fragte ich: Wie wird die Schule Johnny gefallen? Er sagte: Meistens gut. Ich fragte: Wird Johnny ein guter Schüler? Er sagte: Johnny wird ein toller Schüler. Ich fragte: Und wird er in der Schule viele Freunde finden? Er sagte: Nicht viele, aber ein paar sehr gute. Und Freundinnen natürlich auch. Das wollte ich Dir nur schnell zum Schulanfang sagen. Dein Papi

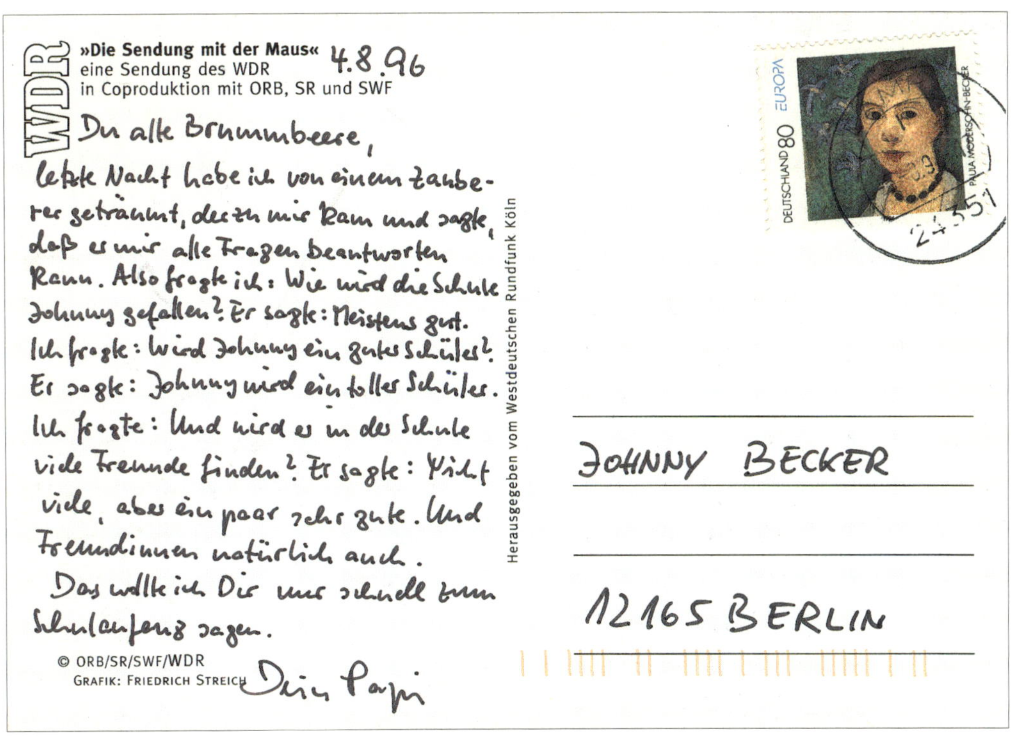

WDR

»Die Sendung mit der Maus«
eine Sendung des WDR
in Coproduktion mit ORB, SR und SWF

4.8.96

Du alte Brummbeere,
letzte Nacht habe ich von einem Zauberer geträumt, der zu mir kam und sagte, daß er mir alle Fragen beantworten kann. Also fragte ich: Wie wird die Schule Johnny gefallen? Er sagte: Meistens gut. Ich fragte: Wird Johnny ein guter Schüler? Er sagte: Johnny wird ein toller Schüler. Ich fragte: Und wird er in der Schule viele Freunde finden? Er sagte: Nicht viele, aber ein paar sehr gute. Und Freundinnen natürlich auch.
Das wollte ich Dir nur schnell zum Schulanfang sagen.
Dein Papi

© ORB/SR/SWF/WDR
GRAFIK: FRIEDRICH STREICH

Herausgegeben vom Westdeutschen Rundfunk Köln

EUROPA
DEUTSCHLAND 80
PAULA MODERSOHN-BECKER

JOHNNY BECKER

12165 BERLIN

Du alte Leseratte,

hast Du schon je auf einer einzigen Postkarte ein solches Durcheinander gesehen? Ein Telefon, Sterne, ein flatterndes Segel, eine Sonne, ein abgenagter Fisch, eine Sanduhr und was nicht alles! Ich glaube, der Maler hatte ein bißchen viel Phantasie. Einen Regenwurm sehe ich auch noch. Und Du(?)
Dein Paps

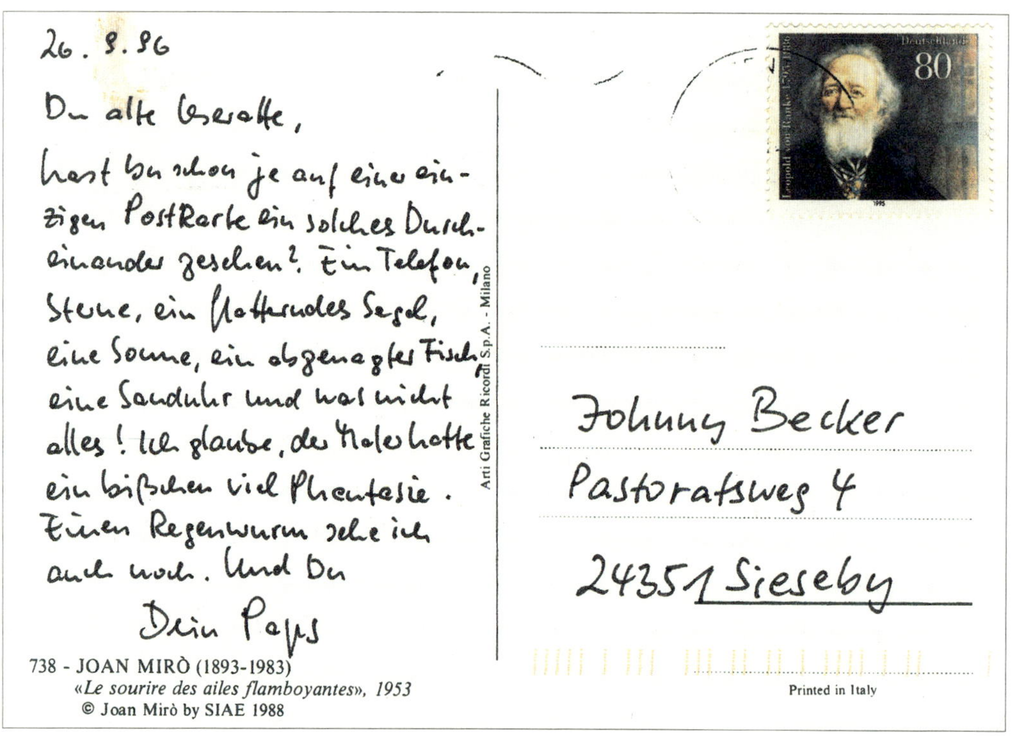

26. 8. 96

Du alte Leseratte,
hast Du schon je auf einer einzigen Postkarte ein solches Durcheinander gesehen? Ein Telefon, Sterne, ein flatterndes Segel, eine Sonne, ein abgenagter Fisch, eine Sanduhr und was nicht alles! Ich glaube, der Maler hatte ein bißchen viel Phantasie. Einen Regenwurm sehe ich auch noch. Und Du
Dein Paps

Deutschland 80

Johnny Becker
Pastoratsweg 4
24351 Sieseby

738 - JOAN MIRÒ (1893-1983)
«Le sourire des ailes flamboyantes», 1953
© Joan Mirò by SIAE 1988

Arti Grafiche Ricordi S.p.A. - Milano

Printed in Italy

Du alte Königskrone,

gestern sitz ich im Auto, in unserer Straße, und plötzlich fällt mir eine Kastanie auf den Kopf. Zuerst hab ich gedacht: So ein Mist, daß das Schiebedach offen ist, sonst hätt ich nichts abgekriegt! Dann hab ich gedacht: Ein Glück, daß das Dach offen ist, sonst wär die Beule jetzt nicht auf meinem Kopf, sondern im Schiebedach! Was ist denn nun richtig?
Dein Papi

13.10.96
Du alte Königskrone,
gestern sitz ich im Auto, in unserer Straße, und plötzlich fällt mir eine Kastanie auf den Kopf. Zuerst hab ich gedacht: So ein Mist, daß das Schiebedach offen ist. Sonst hätt ich nichts abgekriegt! Dann hab ich gedacht: Ein Glück, daß das Dach offen ist, sonst wär die Beule jetzt nicht auf meinem Kopf, sondern im Schiebedach!
Was ist denn nun richtig?
Dein Papi

Johnny Becker

12165 Berlin

Deutschland 80

BRIEFZENTRUM 14

From the film 'Quiet Please' 1945
TOM & JERRY™ and the character representations are trademarks used under licence from Turner Entertainment Co.
©1994 TURNER ENTERTAINMENT CO., All Rights Reserved.
Published by The Art Group Limited 0171 482 3206. Printed in England.
9294

5 023920 016864

Du alter Klopstock,

also, so laß ich mir Polizeiautos gefallen. Die scheinen ja keinen Unfall gehabt zu haben, sondern irgendetwas mit dem Auto ist wahrscheinlich nicht in Ordnung. Oder haben die kein Benzin mehr? Oder sind die Polizisten blau? Ich glaube, ich weiß, was los ist: Das Polizeiauto hat im Parkverbot gestanden, und da kam der Abschleppfritze und hat es abgeschleppt, wie er es sonst auch immer tut. Ob der dafür Ärger kriegt?

Dein Papi

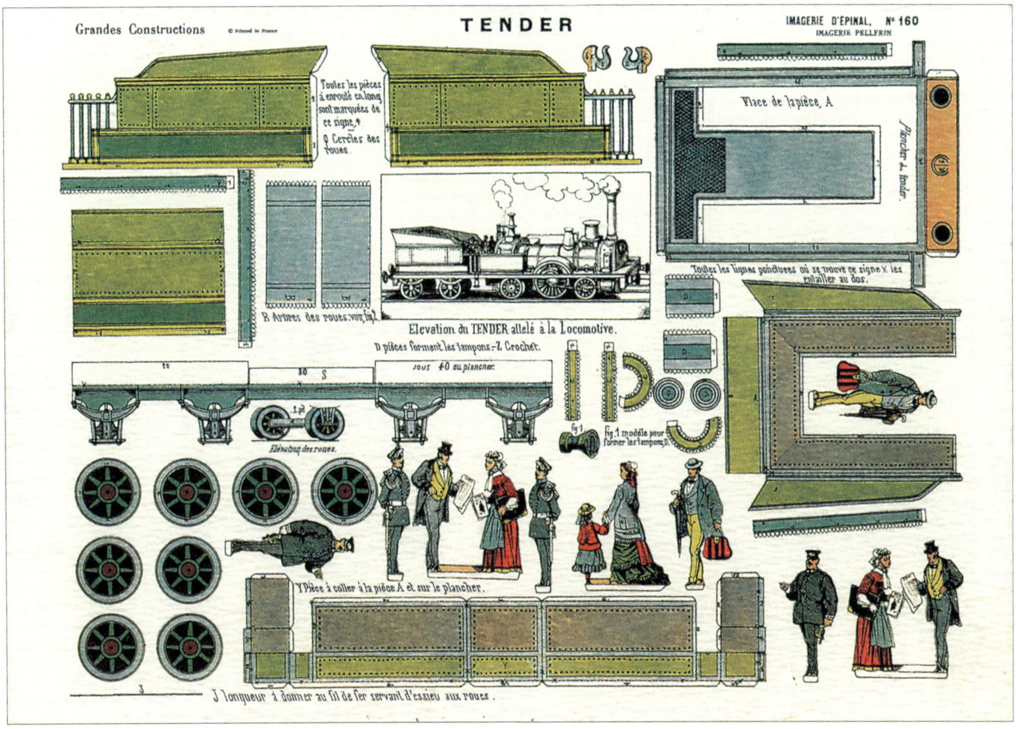

Du alter Wackelpudding,

hast Du eigentlich gewußt, daß es die Eisenbahn schon viel länger gibt als das Auto? Und das Auto länger als das Flugzeug? Und das Flugzeug länger als die Weltraumrakete? Länger als alle Autos gibt es aber die Schuhe. Mit denen kommt man einfach überall hin, Hauptsache man hat genug Zeit.
Dein Papi

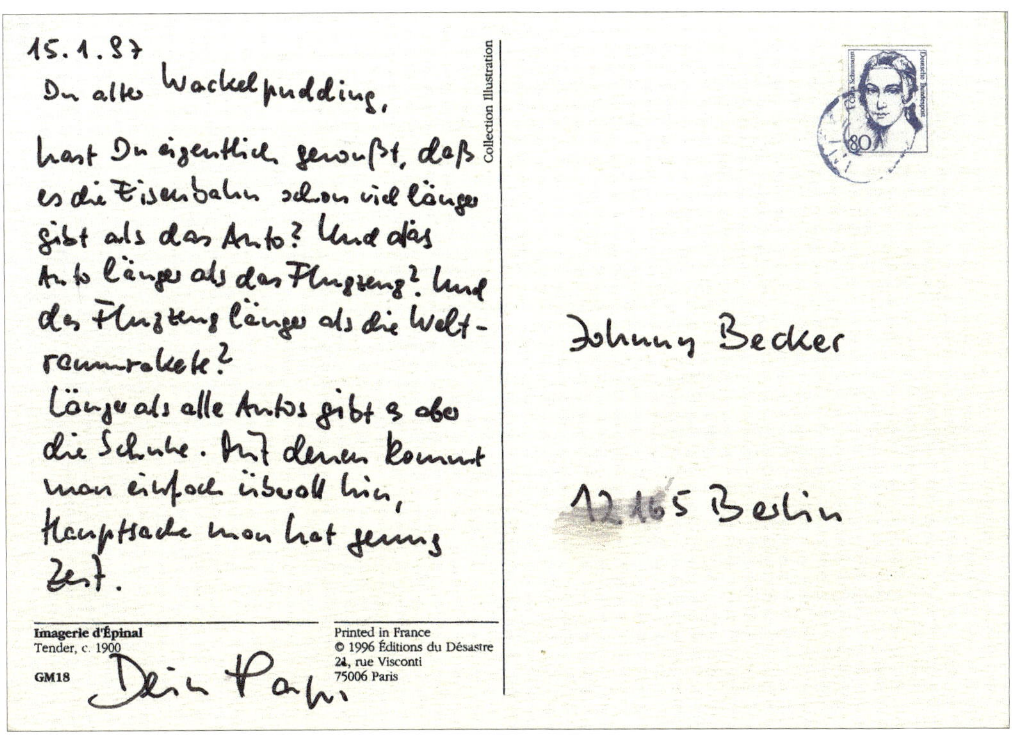

Vita Jurek Becker

1937
Am 30. September geboren in Łódź (Polen). Vater, Mieczysław Bekker (37 J.), Prokurist in einer Textilfabrik, Mutter Anette, geb. Lewin, Näherin (35 J.).

1939
Am 1. September marschieren deutsche Soldaten in Polen ein. Deutschland und die Sowjetunion schließen einen Nichtangriffspakt und teilen Polen auf. Drei Wochen später beginnt die Ghettoisierung der Juden in Łódź.

1940
Am 7. März muss Familie Bekker ins Ghetto umziehen.

1944
Anette und Jurek Bekker werden im Februar in einem Viehwaggon in das Frauenkonzentrationslager Ravensbrück gebracht. Mieczysław Bekker wird später nach Auschwitz deportiert und von dort nach Sachsenhausen.

1945
Am 22. April befreit die 47. Armee der Sowjetunion das Lager Sachsenhausen; die 49. befreit am 29./30. April Ravensbrück.
Anfang Mai werden Anette und Jurek Bekker mit anderen kranken Gefangenen in das provisorische Krankenhaus im schon befreiten Lager Sachsenhausen verbracht, das 50 km entfernt ist. Anette Bekker stirbt dort an Unterernährung und wird am 2. Juni 1945 bestattet. Nach der Befreiung von Sachsenhausen beginnt Mieczysław die Suche nach seiner Familie und findet Jurek schließlich mit Hilfe der JOINT (American Jewish Joint Distribution Organisation) unterernährt und sehr krank in Sachsenhausen. Jurek bleibt dort noch bis Jahresende, kommt dann kurzzeitig in das Kinderheim der Jüdische Gemeinde in Berlin.
Mieczysław ändert seinen Namen zu Max und Jureks zu Georg Becker.

1946
Am 7. Januar nimmt der Vater den Sohn zu sich in die sowjetisch besetzte Zone Berlins. Er macht sich um sechs Jahre jünger und gibt an, im bayerischen Fürth geboren zu sein. Auf diese Weise wird auch Jurek Deutscher.
Einschulung.

1949
Am 7. Oktober entsteht aus der Sowjetzone die Deutsche Demokratische Republik.

1955
Abitur. Die letzten Jahre der Oberstufe hat Jurek sich bei der FDJ engagiert. Aufnahme als Kandidat in die SED. Anschließend zwei Jahre freiwilliger Dienst bei der Kasernierten Volkspolizei (KVP).

1956
Er lernt den Schauspieler Manfred Krug kennen.

1957
Immatrikulation für Philosophie an der Humboldt-Universität zu Berlin.
Mitgliedschaft in der SED.

1959
Jurek Becker zieht mit Manfred Krug in eine gemeinsame Wohnung.

1960
Exmatrikulation aus politischen Motiven. Überwachung durch den Staatssicherheitsdienst.
Besuch eines halbjährigen Kursus für Drehbuchschreiben an der Hochschule für Film und Fernsehen in Babelsberg.
Freier Schriftsteller, Drehbuchautor für DEFA und DDR-Fernsehen, Texte für das Kabarett »Distel« (bis 1965) und Kurzgeschichten. Komödien für das Fernsehen (ab 1962), zeitweilig auch unter dem Pseudonym Georg Nikolaus in Zusammenarbeit mit Klaus Poche.

1961
13. August: Bau der Berliner Mauer.
Zwei Tage später Heirat mit Erika (Rieke) Hüttig.
23. August: Geburt des Sohnes Nikolaus (Nicki).
Sein Schulfreund Helge Braune flüchtet in den Westen.
Erste Reise nach Łódź auf Spurensuche.

1963
6. Parteitag der SED: Ulbricht verkündet, dass das Modell des Sowjetkommunismus übernommen wird.
Er legt die erste Fassung des Drehbuchs »Jakob der Lügner« der DEFA vor. Er arbeitet weitere zwei Jahre daran.

1964
24. Mai: Geburt des Sohnes Leonard (Lonni).
Drehbuch für Dokudrama »Zu viele Kreuze«; Regie: Ralph J. Boettner, Fernsehen der DDR.
Drehbuch »Ohne Pass in fremden Betten« zus. mit Kurt Belicke; Regie: Vladimir Brebera, DEFA 1965.

1966
Der Film »Jakob der Lügner« soll in Polen realisiert werden, doch die polnischen Behörden verweigern die Drehgenehmigung.

1968
Alexander Dubček ist erster Sekretär der tschechischen KP, Vertreter einer Reformbewegung.
21. 8.: Einmarsch der Truppen der Warschauer-Pakt-Staaten in die ČSSR.
Aufnahme in den Schriftstellerverband der DDR.
Auf einer Vorstandssitzung des Schriftstellerverbandes Ende August spricht er sich gegen die geforderte Solidaritätserklärung mit den Warschauer-Pakt-Truppen aus.
Modernisierte Adaption von Heinrich von Kleists »Der zerbrochene Krug« fürs Kino als »Jungfer, Sie gefällt mir«; Regie: Günter Reisch, DEFA.

1969
Der Roman »Jakob der Lügner« erscheint im Aufbau Verlag, Berlin/DDR/Weimar.

1970
Der Roman »Jakob der Lügner« erscheint im Luchterhand Verlag, Darmstadt/Neuwied.
Lesereise in westdeutsche Großstädte.
Filmdrehbuch »Meine Stunde Null«; Regie: Joachim Hasler, DEFA.

1971
Im Mai löst Erich Honecker Walter Ulbricht als Ersten Sekretär des ZK der SED ab.
Heinrich-Mann-Preis der Akademie der Künste der DDR für den Roman »Jakob der Lügner« und Schweizer Charles-Veillon-Preis.

1972
Am 3. April Tod des Vaters Max Becker.
Im Oktober Ernennung zum Mitglied des PEN-Clubs der DDR.

1973
Der Roman »Irreführung der Behörden« erscheint im Hinstorff Verlag, Rostock und als Lizenzausgabe im Suhrkamp Verlag, Frankfurt/M.
Wahl in den Vorstand des Berliner Bezirksverbands des Schriftstellerverbandes der DDR.

1974
Verleihung des Literaturpreises der Freien Hansestadt Bremen.
Im März Reise in die Niederlande.
Filmdrehbuch »Jakob der Lügner«; Regie Frank Beyer, DEFA/Fernsehen der DDR. Fernsehausstrahlung am 23. Dezember, Kinopremiere am 17. 4. 1975. Läuft als erster DDR-Film auf der Berlinale. Oscar-Nominierung.

1975
Nationalpreis II. Klasse der DDR für »Jakob der Lügner« im Kollektiv.
Im Mai Lesereise nach Belgien und Luxemburg.

1976
Der Roman »Der Boxer« erscheint im Hinstorff Verlag, Rostock und als Lizenzausgabe im Suhrkamp Verlag, Frankfurt/M.
Das Drehbuch »Das Versteck«; Regie: Frank Beyer, DEFA – wird auf Halde gelegt.
Reiner Kunzes Buch »Die wunderbaren Jahre« erscheint in Westdeutschland und zieht den Ausschluss Kunzes aus dem Schriftstellerverband am 29. 10. nach sich.
Protest gegen Kunzes Ausschluss, Vorladung vor die Stasi.
Am 16. November Ausbürgerung des Liedermachers Wolf Biermann aus der DDR.
Protestbrief von elf Schriftstellern und Künstlern gegen die Ausbürgerung Biermanns. In Folge Ausschluss Beckers aus der SED und auch Ausschluss aus dem Vorstand des Berliner Bezirksverbandes des Schriftstellerverbandes.

1977
Am 4. April wird die Ehe mit Rieke wegen »Zerrüttung« geschieden. Sie erhält das Erziehungsrecht für die beiden Söhne.
Am selben Tag tritt er aus dem Schriftstellerverband aus, nachdem er zuvor auf einer Sitzung ihrer Parteileitung als »Konterrevolutionär« bezeichnet worden war.
Der Roman »Schlaflose Tage« wird in der DDR abgelehnt.
Im Juni verlässt Manfred Krug mit seiner Familie offiziell die DDR.
Am 8. November bekommt Jurek Becker ein Visum für zwei Jahre, seine Familie hat beschlossen, in Ostberlin zu bleiben.
Am 5. Dezember zieht er nach Westberlin, kommt bei Helge Braune unter.

1978
Ab Mitte Februar lehrt er ein Trimester als Max-Kade-Writer in Residence am Oberlin College in Ohio.
Er arbeitet an seinen Erzählungen »Nach der ersten Zukunft«.
Der Roman »Schlaflose Tage« erscheint im Suhrkamp Verlag, Frankfurt./M.
Am 7. November Premiere des Filmes »Das Versteck« mit wenigen Vorstellungen im Anschluss. Es ist Beckers letzte Arbeit für die DDR.
Wintersemester 1978/79 Gastdozentur an der Universität Essen.
Mitarbeit am Filmdrehbuch »David«; Regie: Peter Lilienthal (Auszeichnung »Goldener Bär« der Berliner Filmfestspiele 1979).

1979
Im Frühjahr Gastvorlesungen an der University of Edinburgh.
Fernsehfilm »Der Boxer«; Regie: Karl Fruchtmann, ZDF.
Erhalt eines neuen, zehn Jahre gültigen Visums für den Aufenthalt in ausländischen Staaten und Westberlin (11. 12.).

1980
Erzählungen »Nach der ersten Zukunft« werden in der DDR nicht verlegt, sondern nur im Suhrkamp Verlag, Frankfurt/M.

1981
Gastprofessur an der Universität Augsburg.
Fernsehfilm »Schlaflose Tage«; Regie: Diethard Klaute, ARD.

1982
Pastor Rainer Eppelmann ruft mit dem »Berliner Appell« zur Beseitigung aller Kernwaffen in beiden deutschen Staaten auf (9. 2.). In Ostberlin findet die »Berliner Begegnung zur Friedensförderung« statt (14. 12.), an der auch Becker teilnimmt.
Roman »Aller Welt Freund« erscheint im Suhrkamp Verlag, Frankfurt/M. und als Lizenzausgabe im Hinstorff Verlag, Rostock 1983.
Stadtschreiber von Bergen-Enkheim für ein Jahr.
Er lernt Christine Harsch-Niemeyer kennen.

1983
Hörspiel »Rede und Gegenrede«; Regie: Friedhelm Ortmann, WDR.
Gewähltes Mitglied in der Akademie für Sprache und Dichtung in Darmstadt.

1984
Michail Gorbatschow wird Generalsekretär der Kommunistischen Partei der UdSSR. Es folgen Glasnost und Perestroika.
Gastprofessur an der Cornell University in Ithaka, Staat New York.
Beginn des Romans »Bronsteins Kinder«.
Israel-Reise mit Christine Harsch-Niemeyer.

1986
7. März Heirat mit Christine Harsch-Niemeyer.
Historikerstreit
»Erzählungen« erscheinen im Hinstorff Verlag, Rostock (bei Suhrkamp waren sie 1980 erschienen).
Roman »Bronsteins Kinder« erscheint im Suhrkamp Verlag, Frankfurt/M. und im Hinstorff Verlag, Rostock 1987.
Erste Staffel der Drehbücher zur Fernsehserie »Liebling Kreuzberg« (6 Folgen); Regie: Heinz Schirk, SFB/ARD. Drehbuchberatung von Rechtsanwalt Nicolas Becker.
Verleihung des »Goldenen Gong« der Fernsehillustrierten Gong für »Liebling Kreuzberg«.

1987
Adolf-Grimme-Preis in Gold zusammen mit Manfred Krug und Heinz Schirk für die »Liebling Kreuzberg«-Folge »Der Beschützer«.
Zweite Staffel der Drehbücher zur Fernsehserie »Liebling Kreuzberg« (13 Folgen); Regie: Werner Masten, SFB/ARD 1988. Drehbuchberatung von Rechtsanwalt Nicolas Becker.
Gastprofessur an der University of Texas in Austin.

1988
Adolf-Grimme-Preis in Silber für die erste Staffel »Liebling Kreuzberg« zusammen mit Manfred Krug und Heinz Schirk.
Verleihung des Deutschen Fernsehpreises »Tele Star« für die Drehbücher zu »Liebling Kreuzberg«.
Drehbücher der dritten Staffel »Liebling Kreuzberg« (8 Folgen); Regie: Werner Masten, SFB/ARD 1990. (Becker beendet vorerst seine Mitarbeit. Die vierte Staffel [13 Folgen] wird von Ulrich Plenzdorf geschrieben und 1994 ausgestrahlt.)
Mitarbeit am Filmdrehbuch »Der Passagier – Welcome to Germany«; Regie: Thomas Brasch.

1989
»Pressepreis« der deutschen Anwaltskammer für die »Liebling Kreuzberg«-Folge »Taschenpfändung«.
Gastdozentur für Poetik an der Johann Wolfgang Goethe-Universität in Frankfurt/M.
Erste offizielle Einladung zu einer Lesung in der DDR seit 1977.
Am 11. September wird die Grenze von Ungarn nach Österreich geöffnet. Über 15 000 Menschen gingen innerhalb von drei Tagen über die Grenze in den Westen.
Am 2. Oktober Antrag auf Verlängerung des Visums, das ihm für weitere vier Jahre gewährt wird.
7. Oktober: Feier des 40. Jahrestages der DDR mit Gorbatschow als Ehrengast.
Beginn der Montagsdemonstrationen in Leipzig. Am 18. Oktober löst Egon Krenz Honecker ab. Am 9. November verkündet das Mitglied des Politbüros Günter Schabowski die Öffnung der Grenzen.
Reise nach Tel Aviv auf Einladung des Goethe-Instituts.

1990
15.–23. März Konferenz über die »Literatur der achtziger Jahre« in St. Louis an der Washington University.
1. Juli: Währungsunion. 3. Oktober: deutsch-deutsche Wiedervereinigung.
Bayerischer Fernsehpreis für die Serie »Liebling Kreuzberg«.
»Warnung vor dem Schriftsteller. Drei Vorlesungen in Frankfurt« erscheint im Suhrkamp Verlag, Frankfurt/M.
Filmdrehbuch »Neuner«; Regie: Werner Masten.
Mitarbeit am Drehbuch »Bronsteins Kinder«; Regie: Jerzy Kawalerowicz.
Im Dezember Hans-Fallada-Preis der Stadt Neumünster für sein Gesamtwerk.
Mitglied der Akademie der Künste, Berlin.
23. Juni: Geburt des Sohnes Jonathan Samuel (Johnny).

1992
Der Roman »Amanda herzlos«, erscheint im Suhrkamp Verlag, Frankfurt/M.
»Die beliebteste Familiengeschichte und andere Erzählungen«, erscheint im Insel Verlag, Frankfurt/M./Leipzig.
Verdienstkreuz I. Klasse der Bundesrepublik Deutschland.

1993
Frühjahr in St. Louis als Max-Kade-Writer in Residence mit Familie.
Spätherbst: Reise nach Indien auf Einladung des Goethe-Instituts.

1994
Drehbücher der neunteiligen Fernsehserie »Wir sind auch nur ein Volk«, Regie: Werner Masten, ARD. Erschien in 3 Bde., im Suhrkamp Verlag, Frankfurt/M. 1994/95.

1995
Beckers besuchen für drei Wochen Peter Schneider in St. Louis, der dort Writer in Residence ist.
Filmdrehbuch »Wenn alle Deutschen schlafen«, nach seiner Erzählung »Die Mauer«; Regie: Frank Beyer, ZDF.
Letztes Romanprojekt »Der Bücherdieb« wird nicht mehr realisiert.
Südamerika-Reise auf Einladung des Goethe-Instituts (26. 10.–19. 11.).
Darmkrebsdiagnose (28. 12.).

1996
Krebsoperation (7. 1.).
Februar und Oktober Chemotherapie.
»Ende des Größenwahns. Aufsätze, Vorträge« erscheint im Suhrkamp Verlag, Frankfurt/M.
Drehbücher zur Fernsehserie »Liebling Kreuzberg« (14 Folgen); Regie: Vera Loebner, SFB/ARD 1997/98.

1997
14. März Tod in Sieseby/Schleswig-Holstein.
Bestattung auf dem dortigen Friedhof.

© POSTKARTEN

»Under Pressure« Tushita/akg-images; »Mexico Tipico« Ammex Asociades; »Gros Bisou« Anne Nielsen; »Personnage et oiseaux« und »Femme avec trois cheveux entournée par des oiseaux dans la nuit« Joan Miró, »Problems?« Jill Freedman/Arti Grafiche Ricordi S.p.A. Milano; »Taxi« David Lombard,»Een Dag Aan Zee« Leentje Linders/Art Unlimited; »Chicago« Bernd Lohse/Bildarchiv Preußischer Kulturbesitz; Shunyam Gross »Spotted Horse«/Biri Publication; »150159« Pedro Luis Raola/Brunott Fitting Image; Carl Purcell »Elephants«/Black Star; »Citroen 2cv 1962 Déménagement« Citroen Nederland B.V.; »Haubarg«,»Ausritt«,»Achter'n Dieck«,»Picknick am Rapsfeld«, »De lütte Straat« Rosemarie Matouch Cramers Kunstanstalt Dortmund; »Baseball Kid« David Burnett; »Die Nacht mit Halbmond«, Dr. Sadi Ücüncü; Fernand Léger »Nu Sur Fond Rouge« und »Personnes aux Fleurs«,Pablo Picasso, Baigneuse«,Casimir Malevich »Les Enfants«,Robert Doisneau »Voiture á Pédales«/ Ed. Hazan, Paris; »Elephant Stop«/Editions Gendre et Keystone; ESP Paris; K.H.Krebs, W. Dostal, Werner Bischoff, J.Gutjahr/Fotoverlag Reinhold Jungels; »Le Clown«, H.Armstrong Roberts/French Collection; »Stuttgarter Kunstgebäude 1977 mit den alten Kastanien« und »Sonntagskonzert auf dem Stuttgarter Schlossplatz« Frida Schittenhelm; »Garrobo« Fundacion Neotropica; »Gelsenkirchen–Horst« Heribert Konopka/Gebr.König Postkartenverlag; Graham Percy, »Elephants Never Forget«, published by Little, Brown and Co. (UK) Ltd; »Sperrmüll« Gudrun Rössner/edition cicero GmbH; »Überraschter Teufel« Gustavo/R. Hillmann; »La Bora a Trieste« J.R. Kollmann; »Dinosaurierausstellung Giganten der Urzeit« Schloß Buchsenhausen Innsbruck; Konrad Wothe, Klaus Hartung/Hartung-Edition; »Cirque Knie«/Heini Stucki; »Kaffeepause« Helme Heine; »Tintin« Hergé/Moulinsart; »Touchdown-Ken« Mattel Inc.; John Drysdale; »Kerzenhalter Blaulicht« Kain Karawahn; »Batman«,»Batman and Robin«/ Klasik Kards; Larry Towell; Laurent de Brunhoff: »Le Manège de Babar«, »L'Histoire de Babar«, »Le Voyage de Babar«, »Babar en Famille«, »Le Roi Babar«, »Les Ballons« Babar Characters TM, Grégoire Solotareff, Patrice Monnerle, »Tender«/Editions du Désastre; Marc Antonio Marino; »Veli Bar« Mehmet Sönmez; »Me and My Girl« Mike Hollist; Rev. R.W.A. Jones/Railway Publishing Ltd; Marc Chagall »Le Cirque«/Musée de Strasbourg; »JC5088« John Callahan/Nobleworks; Colin Hawkins »Pirates«, Roger-Viollet »Sur le Pont d'Arcole«, Paul Loper »Mr. Big«,Erwin Moser »Manuel träumt vom Reisen«, Danièle Bour »Petit Ours Brun«/Nouvelles Images; »Das Hundertwasser Haus« Peter Dressler; »Ram Prakash Singh, with his Elephant« Mary Ellen Mark, »Baby Elephant« Pryor Dodge,»A Train in the Street« Kuhn, »The Sydenham River, Ontario, Canada« Larry Towell/ Fotofolio; Volkswagen AG; »Indian Snake Charmer, Singapore«, »International Truck«/Quantity Postcards; »Fish with Flag« Shelburne Museum; »Buster Keaton« Sid Avery/Motion Picture; »Selketalbahn« Siegmar Frenzel; Vassily Kandinsky »Figurine pour tableau XVI« und »Empor«/VG Bild-Kunst, Bonn 2004; Joan Miró »Personnages et chien devant le soleil« und »Le Sourire des Ailes Flamboyantes« Successió Miró/VG Bild-Kunst, Bonn 2004; The Copley Plaza Hotel; »The Lion King«,»Les Couleurs Magiques de Disney«, Classico Inc./The Walt Disney Company; »Teddys Schulgang« Fritz Baumgarten/ Titania-Verlag; »Quiet Please – Tom & Jerry« Turner Entertainment Co.; »Lightning strikes the tip of the Empire State Building« Underwood Photo Archives; »Baby Elephant«Pryor Dodge,»The Edge« Kobal Collection/Vintage/Portfolio und »Get That Trunk Off My Bus« Popperfoto,Arthur Sidey/Portfolio; unbek. Motiv und »Mouse's Trunk Call« John Drysdale; »Komm Dicker« John Drysdale, »Hipp Hipp Hurra, die Polizei war da« Canessa, »Lachendes Auto« Kimura, unbek. VE014/Voller Ernst; VW-AG Wolfsburg; »Rise & Shine« Jill Murphy/Walker Books Ltd.; »BATMAN« Warner Bros. Inc.; »Faltohrkatze« Werner Layer; Fischer-Queck, »Schleswig-Holstein«,/UP-Verlag; »Die Sendung mit der Maus« Friedrich Streich/Westdeutscher Rundfunk; »Die Brockenbahn« Wolfgang Hans Klocke Verlag; »Souvenir de vacances« zefa visual media; »Afrikanischer Elefant« und »Giraffe« Zoo-Foto E. Müller

2. Auflage 2004

Ullstein ist ein Verlag der Ullstein Buchverlage GmbH

Satz: LVD GmbH, Berlin
Druck und Bindung: Mohn Media GmbH, Gütersloh
ISBN 3-550-07600-2

Printed in Germany